Contes et Légendes
Barberousse et les Conquérants de la Méditerranée

À Émilie, Pierre, Simon et Julien.

Conforme à la loi n° 49956 du 16 juillet 1949 sur les publications destinées à la jeunesse.
ISBN 282568 - 2

CLAIRE DEROUIN

CONTES ET LÉGENDES
BARBEROUSSE ET LES CONQUÉRANTS DE LA MÉDITERRANÉE

Illustrations de Natali Fortier

NATHAN

I

SIMPLE HISTOIRE POUR COMMENCER

IL Y A BIEN LONGTEMPS, alors que les mers étaient encore plus désertes[1] que les déserts eux-mêmes – autant dire si ça fait vraiment longtemps –, vivait un jeune homme sur la rive nord de la Méditerranée.

Oh, il n'était pas bien beau avec son crâne proéminent

1. En Méditerranée, la navigation digne de ce nom n'a pas commencé avant la seconde moitié du IIIe millénaire. Les Égyptiens et les peuples de la mer Égée furent les premiers à oser s'aventurer sur de longues distances. Auparavant, les barques se contentaient de suivre le rivage pour aller d'une plage à l'autre.

et sa démarche de singe ! Mais il avait un joli accent chantant et, surtout, il était doué d'une exceptionnelle intelligence : ce jeune *homo sapiens* avait un cerveau gros comme une pastèque. Chaque jour, il inventait une nouvelle technique de chasse ; il fabriquait des ustensiles de cuisine pour améliorer la qualité de son alimentation ; et toujours à l'affût d'une nouvelle découverte, il expérimentait tout ce que la nature pouvait lui offrir : pierres, métaux, bois, plantes et animaux !

Ce jeune savant de la Préhistoire avait une sœur jumelle qu'il aimait tendrement. Aussi unis que les deux doigts de la main, ils formaient la paire idéale pour travailler ensemble. Moins fougueuse que son frère, la donzelle savait toujours lui donner de bons conseils.

Hélas, leur fructueuse coopération n'eut guère le temps de porter ses fruits car, un jour, ils furent brutalement séparés par un violent cataclysme. La mer déchaînée emporta la falaise sur laquelle ils vivaient et chacun dériva dans une direction opposée. Le jeune homme s'échoua à l'ouest du bassin méditerranéen, exactement en face de sa sœur qui se retrouva à l'est, sur l'actuelle côte du Liban.

Quelques mois passèrent et tous deux restèrent vivre là où le destin les avait conduits. L'un fonda une famille en Occident et l'autre en Orient, mais rien ni personne ne parvenait à les rendre heureux. Ils finirent par réaliser qu'ils ne pouvaient se passer l'un de l'autre !

Le jeune *homo sapiens* décida donc de partir à la recherche de sa sœur. Et c'est après un horrible voyage parsemé d'embûches et de monstres bizarres qu'il la retrouva sur les rives de sa nouvelle et lointaine contrée.

Dès lors, ils se déplacèrent chacun leur tour et se rencontrèrent tantôt à l'est, tantôt à l'ouest de la Méditerranée. Il leur fallait plusieurs mois pour parcourir le chemin qui zigzaguait sur la côte et leur imposait des détours par centaines. Le seul moyen de les éviter eût été de traverser la mer. Mais le jeune homme, qui ne savait pas nager – à l'époque personne ne savait nager –, ne voulait pas en entendre parler. Au cours d'une de leurs rencontres, ils cherchèrent une solution pour tenter de surmonter ce handicap. Le frère dit à la sœur :

– Té, écoute, sœurette ! Je crois que j'ai une idée : je vais essayer d'inventer un objet pour flotter. D'abord, je vais prendre un squelette de laping. Ensuite, je le recouvrirai avec la peau d'un autre laping. Et enfing, je l'enduirai de poix[1] afing qu'il puisse flotter à la surface

1. Poix : matière fabriquée à base de résines et de goudrons végétaux et qui a les propriétés agglutinantes de la colle.

de l'eau. Alors, té, nous pourrons mieux nous visiter et plus souvent !

La sœur, toujours fine conseillère, ajouta :

– Et sans se mouiller les pieds ! Té, voilà paroles bien intelligentes, mais tu peux encore développer ton idée. Ton laping me semble bien petit pour y caser tes deux pieds, il te faudrait plutôt prendre le squelette d'un âne. Mais, comme ses os seraient trop poreux, reproduis-les exactement dans un beau morceau de bois. Et, si tu réussis à assembler tes planches en une structure qui ait la forme de ce squelette d'âne et que tu la recouvres de peau et qu'ensuite tu l'enduises de poix, alors, té, ce sera un véritable exploit !

C'est en faisant ce que sa sœur lui avait dit que ce jeune homme très intelligent à l'accent chantant inventa le bateau.

Et jamais plus la Méditerranée ne fut un désert d'eau salée !

II

Le Peuple de la mer

Malheur à celui qui crache contre le vent[1]! Brise. Bise. Souffle, Prince-des-Airs.

En ce temps-là, les vents n'étaient pas nombreux comme aujourd'hui. Et pour cause, c'était au commencement ! Il n'y avait pas de sirocco ou de chergui, ni de tramontane et de melten. Seulement le joyeux Vent-Prince-des-Airs !

On le reconnaissait à son grand manteau flottant, aux caresses duveteuses de son écharpe blanche et à sa

1. Proverbe de la tradition orale crétoise. Les habitants de la mer Égée et des Cyclades savent qu'il ne faut jamais défier la volonté du vent !

manière si particulière de siffler pour s'annoncer. L'espiègle Vent-Prince-des-Airs aimait jouer avec les vagues en embrassant leurs lèvres d'écume, faire chanter les coquillages, ou bien sécher la longue chevelure verte des algues. Mais ce qu'il aimait par-dessus tout, c'était chatouiller les oreilles de l'Homme. Quel bonheur que le minuscule labyrinthe de ces oreillards !

Un jour que Vent-Prince-des-Airs se baladait en virevoltant, il rencontra un groupe de jolies femmes. L'une d'elles était particulièrement belle. Alors, le vent malicieux ne put s'empêcher de la taquiner. Il se faufila dans ses deux petites oreilles roses et lui glissa discrètement quelques mots doux et chatouilleux. La jeune fille rit si fort que Vent-Prince-des-Airs en tomba amoureux ! Et plus elle riait de ses plaisanteries, plus il l'aimait intensément.

Cette belle rieuse était la fille de Minos, le roi du Peuple-à-la-Face-de-Galet. On l'appelait ainsi parce que les hommes et les femmes de ce peuple avaient le visage aussi rond et poli que des galets. Ils habitaient modestement des huttes de pierre sur la plage et se nourrissaient de baies et d'herbes sauvages.

Vent-Prince-des-Airs alla trouver Minos qui trônait au milieu du village afin de lui demander la main de sa fille, en bonne et due forme. Le roi Minos était réputé pour avoir mauvais caractère. Il aimait le pouvoir davantage que son peuple. Et le grossier personnage faillit renvoyer le vent comme un vulgaire courant d'air : « Ce bon à rien est gonflé ! se dit-il. Il passe sa journée à traîner et à faire rire mes sujets. Et il ose me demander la main de ma fille adorée ! »

Mais soudain, Minos eut une idée. Après tout, ce vagabond pouvait peut-être l'aider. Le roi fit l'hypocrite et répondit à Vent-Prince-des-Airs en minaudant :

– Tu sais que depuis longtemps j'essaye d'apprivoiser la mer. Cette ensorceleuse me rend complètement fou ! Chaque jour, elle nous fait miroiter les trésors de ses rives lointaines sans nous laisser les atteindre. Nous naviguons au gré de ses courants. Nous nous dirigeons là où bon lui semble. Nous subissons constamment ses humeurs. Et jamais nos pauvres barques ne peuvent s'éloigner à plus d'une lieue de la côte, ou bien nous coulons comme des sacs de plomb ! C'est ce sobriquet de Peuple-à-la-Face-de-Galet qui nous porte malheur. Si, de nous, tu réussis à faire le grand Peuple-de-la-Mer, alors tu pourras épouser ma fille. Je veux dominer cette satanée immensité. Fais de moi son maître et tu auras ta fiancée !

Vent-Prince-des-Airs n'hésita pas une seconde. Il donna rendez-vous à Minos dès le lendemain matin, en lui assurant que ce serait chose faite. Il lui spécifia bien de venir avec son peuple au grand complet. Vent-Prince-des-Airs était prêt à tout pour les oreilles de sa belle rieuse !

Au lever du soleil, Minos l'hypocrite était sur la plage avec son peuple d'oreillards. Vent-Prince-des-Airs demanda aux hommes de vider leurs huttes de pierre et de charger leurs menues affaires au fond des barques. Minos se plaça à leur tête. Alors, Vent-Prince-des-Airs commença à souffler doucement sur le convoi pour le faire avancer selon son gré. Quand Minos réalisa le réel pouvoir du vent, il devint fou de joie ! Il se mit à hurler comme un forcené :

– À droite !

Et Vent-Prince-des-Airs soufflait à droite.

– À gauche !

Et Vent-Prince-des-Airs soufflait à gauche.

– Tout droit et plus vite !

Et Vent-Prince-des-Airs soufflait devant et toujours plus fort. Il exécuta patiemment les ordres de Minos qui usait de sa nouvelle autorité avec jubilation. Zigzags à tire-d'aile ! Sillons d'écume et labours blancs !

Le convoi naviguait déjà depuis plusieurs heures quand une grande île fut en vue. C'était l'île de Crète. Mais, à cette époque, on l'appelait l'Île-du-Milieu-de-la-Mer car elle semblait être à égale distance des rives de la Méditerranée. Minos, le prétentieux, voulut que son peuple fût au centre de l'univers. Il décida donc de s'y installer uniquement par vanité !

Heureusement, l'île regorgeait de richesses naturelles. À cette époque-là, la Crète était recouverte d'épaisses forêts de pins, de cyprès et de chênes verts. Elle possédait des rivières au débit abondant, des sources par dizaines et des grottes par milliers. Rien n'était hostile à la présence humaine. Bien au contraire ! Ni loups, ni renards, ni charognards n'avaient réussi à nager jusque-là !

Quelque temps après, quand le Peuple-à-la-Face-de-Galet fut bien installé, Vent-Prince-des-Airs renouvela sa demande en mariage. Mais Minos, qui aimait le pouvoir de façon maladive, voulut encore tirer profit du vent. Il lui dit :

– Écoute ! Je loue et j'apprécie tes efforts. Mais tu n'as pas complètement rempli ma condition. Nous ne sommes pas encore devenus le grand Peuple-de-la-Mer !

Vent-Prince-des-Airs, patient, révéla alors un autre de ses secrets au Peuple-à-la-Face-de-Galet. Il lui apprit à capturer son souffle dans de grands poumons de toile. Les oreillards construisirent ainsi les premiers bateaux à voile. Au moyen de cette science, ils voyagèrent de plus en plus loin et découvrirent des pays inconnus. Ils devinrent célèbres pour leurs exploits de navigation : leur réputation de bons marins se répandit sur toutes les rives de la Méditerranée.

Minos envoya d'importantes délégations porter au pharaon d'Égypte de somptueux présents. Les Égyptiens, admiratifs, représentèrent sur de belles peintures murales la venue du Peuple-de-la-Mer au pays des pyramides.

En Grèce, on nommait l'île de ce peuple fabuleux « Makaira », ce qui veut dire « la Bienheureuse » ! Partout, on enviait la beauté de ses cent villes et la magie de ses trois mille grottes[1] !

1. Les archéologues ont effectivement découvert en Crète les traces d'une centaine de cités-palais de l'époque minoenne (2100 à 1400 av. J.-C.) et de nombreux lieux de culte magique dans les quelque trois mille grottes de l'île.

Le temps passa : Vent-Prince-des-Airs renouvela sa demande en mariage. Mais Minos voulait encore davantage de pouvoir. Il lui dit :

– De jour en jour, nous progressons ! Mais nous ne sommes toujours pas le très grand Peuple-de-la-Mer.

Alors, Vent-Prince-des-Airs livra au méchant roi un autre de ses secrets. Il apprit aux oreillards à utiliser son souffle puissant pour écarter et repousser des paquets de mer afin de rester sous l'eau salée sans se noyer. Les hommes, gonflés d'air, remontèrent des coquillages et des poissons aux pouvoirs magiques. Et grâce à cette nouvelle technique de plongée, le Peuple-à-la-Face-de-Galet retira une connaissance parfaite des fonds sous-marins. Il sut extraire la teinture rouge du murex[1] et préparer de redoutables aphrodisiaques[2] avec des œufs d'espadons pressés, salés et fumés !

Alors, pour la troisième fois, Vent-Prince-des-Airs renouvela sa demande en mariage. Mais Minos le tyran voulait toujours plus de pouvoir. Il lui dit :

---

1. Murex : coquillage de la Méditerranée dont les Anciens tiraient la pourpre, une teinture rouge.

2. Aphrodisiaque : substance d'origine naturelle censée augmenter le désir sexuel.

– Encore un petit effort ! Nous ne sommes qu'à deux doigts d'être les plus puissants.

Alors, Vent-Prince-des-Airs lui offrit gentiment un autre de ses secrets. Il apprit aux oreillards à guider son souffle dans des grottes et des cavités pour faire d'harmonieuses notes : *do, mi, la, sol, do* ! Bientôt, tous surent jouer de belles symphonies aux rythmes endiablés. L'île était devenue une vraie flûte enchantée. Et la mer en fut complètement émue et charmée !

Le Peuple-à-la-Face-de-Galet savait donc naviguer, pêcher et jouer de la musique comme personne n'avait jamais su le faire. Il était bel et bien devenu le plus grand Peuple-de-la-Mer et, surtout, le peuple le plus heureux ! Les secrets de Vent-Prince-des-Airs étaient de véritables recettes de bonheur. Ces ancêtres des Crétois n'oubliaient jamais de rire quand le vent leur chatouillait les oreilles. Tous aimaient tendrement Vent-Prince-des-Airs et cherchaient la moindre occasion pour l'honorer.

Les femmes portaient de longues jupes à volants, uniquement pour que Vent-Prince-des-Airs puisse s'amuser à les faire tourner. Elles laissaient aussi leurs corsages ouverts sur de beaux seins nus afin que le vent coquin puisse s'y glisser. Les hommes dessinaient de jolies figures pour représenter ses gracieux mouvements aériens. Ils recouvraient jarres, vases et coupes de motifs orangés aux lignes souples et flottantes : spirales, roues, tourbillons, disques et entrelacs. Les enfants lui offraient chaque soir de grandes amphores remplies de miel et d'huiles parfumées[1]. Tous savaient que Vent-Prince-des-Airs était un gourmand ! Des autels, couverts de coquillages et de pierres multicolores, lui étaient dédiés en bordure de mer. Souvent, les potiers y façonnaient de petites figurines de terre pour raconter leur belle histoire d'amitié.

En fait, le Peuple-de-la-Mer aimait éperdument Vent-Prince-des-Airs qui lui avait tout donné. Chaque jour, matin, midi et soir, il le vénérait pour le remercier, si bien que Minos finit par devenir jaloux. Il eut peur que Vent-Prince-des-Airs, l'élu des cœurs, ne prenne sa place sur le trône ! Il en oublia définitivement sa promesse. Il enferma sa fille dans un horrible souterrain aussi tortueux qu'un labyrinthe et se fit fabriquer une énorme hache avec deux lames soudées face à face.

---

1. À l'époque minoenne, Crétois et peuples des Cyclades vouaient un véritable culte au vent. Ils lui édifièrent de nombreux sanctuaires.

Cette arme redoutable, conçue pour châtier doublement, devint le nouveau symbole de sa tyrannie. Puis il réunit les cinq grands magiciens de son royaume. Et, tout en les menaçant de sa double hache, il leur demanda de mettre leur science au service du crime : il les obligea à trouver un moyen pour attraper le vent. Minos voulait se débarrasser de son bienfaiteur ! Mais les cinq grands savants adoraient Vent-Prince-des-Airs. Aussi décidèrent-ils de tromper Minos en lui faisant des propositions *a priori* inoffensives.

Le premier magicien s'avança timidement et dit au roi :

– Le vent meurt quand il ne peut plus chanter !

Alors Minos boucha les trois mille grottes de l'île pour empêcher Vent-Prince-des-Airs de faire résonner crevasses et cavités. Adieu la flûte enchantée ! Mais quelle importance pour le vent ! Désormais, il joua ses mélodies dans les feuilles dorées des arbres. Tchouc-Tchaac, deux coups de hache, et Minos tua le premier magicien pour se venger ! Mais aussitôt, un fléau s'abattit sur le Peuple-de-la-Mer. Les femmes, qui avaient l'habitude d'accoucher dans les grottes, devinrent stériles.

Le deuxième, en souvenir du premier, murmura au roi :

– Le vent meurt quand il ne peut plus bercer !

Alors Minos coupa tous les arbres de l'île pour empêcher Vent-Prince-des-Airs de se glisser entre les branches souples. Mais quelle importance pour le vent ! Désormais, il coucha les fleurs et inclina les brins de l'herbe câline. TCHOUC-TCHAAC, deux coups de hache, et le deuxième magicien fut tué ! Alors un nouveau fléau s'abattit. Les enfants, qui aimaient s'abriter du soleil à l'ombre fraîche des chênes et des cyprès, tombèrent malades.

Le troisième, en souvenir du deuxième, chuchota timidement au roi :

– Le vent meurt quand il ne peut plus rire en cascade !

Alors Minos assécha toutes les rivières et les sources d'eau douce. Mais quelle importance pour Vent-Prince-des-Airs qui était le meilleur ami de la mer ! TCHOUC-TCHAAC, deux coups de hache, et le troisième magicien fut tué. Un troisième fléau accabla aussitôt le Peuple-de-la-Mer. Tous les animaux, assoiffés, quittèrent l'île à jamais.

Le quatrième, en souvenir du troisième, bafouilla sans voix :

– Le vent meurt quand il ne peut plus chatouiller !

Alors Minos coupa les oreilles de son peuple entier. Jamais Vent-Prince-des-Airs ne souffrit autant, mais il fit semblant de s'en moquer complètement. TCHOUC-TCHAAC, deux coups de hache, et le quatrième magicien fut tué. Alors ce fut l'horreur ! Car hommes, femmes et enfants moururent de silence.

Le dernier magicien, qui voulut en finir, se contenta d'ajouter :

– Le vent meurt quand il ne peut plus aimer !

Alors Minos fit sortir sa fille du labyrinthe souterrain et la tua avec sa double hache pour que Vent-Prince-des-Airs n'ait plus personne à aimer. Cette fois le vent se leva, la hache s'envola et le dernier magicien l'attrapa. TCHOUC sans TCHAAC ! Un seul coup de hache ! Il tua Minos et prit ses jambes à son cou.

Makaira, « la Bienheureuse », n'était plus que ruines et désolation. C'est ainsi que disparut à jamais le premier peuple de la mer. Ce fut le seul peuple de tous les temps qui reçut l'amour du vent. Mais il ne put le garder, à cause de son roi qui n'était que méchanceté !

Depuis ce jour, en Méditerranée, Vent-Prince-des-Airs connut tristesse et tempête, chagrin et ouragan.

Malheur à celui qui crache contre le vent !

III

LE GRAIN, LE NOYAU ET LE PÉPIN MAGIQUES

DANS LA VILLE DE TYR, au sud de la Phénicie[1], vivait un riche commerçant qui possédait quarante gigantesques cargos en bois. Plusieurs fois par an, les marins de sa flotte partaient sillonner la mer Méditerranée, de Gibraltar à Athènes, pour vendre de luxueuses

1. Phénicie : ancien territoire qui se situait sur les côtes libanaises et syriennes. Les Phéniciens étaient d'excellents marins. Ils commerçaient avec toute la Méditerranée et possédaient des comptoirs à Chypre, en Sicile, à Malte, en Espagne ainsi qu'en Afrique du Nord.

marchandises : étoffes, verreries et bijoux de qualité débordaient des cales remplies à craquer.

Hiram – puisqu'il s'appelait ainsi – aimait déambuler fièrement le long des quais du port de Tyr, à la recherche de compliments et de flatteries. Mais dès qu'il tournait le dos, les pêcheurs se moquaient joyeusement de son allure extravagante et de ses airs de grand seigneur. Sa tunique d'un pourpre flamboyant rendait son ventre encore plus imposant que de nature. Les plaisantins le surnommaient le Gros-Homme-Rouge mais, bien davantage que son abdomen rebondi, c'était son nez qui suscitait les commentaires les plus éloquents !

À ce nez incroyable, Hiram devait sa richesse car il fonctionnait comme un second cerveau. Dodu et rond en son extrémité, cet organe olfactif long de plus de dix centimètres se pavanait entre ses deux petits yeux malicieux. Ce nez digne de figurer au répertoire de la famille des courges traquait à chaque instant la bonne affaire du jour. Il grossissait à vue d'œil lorsque Hiram se mettait en colère. Et parfois, il était si gros que les enfants de Tyr soupçonnaient le commerçant d'y cacher ses pièces. Chaque hiver, les gamins attendaient désespérément qu'un bon rhume lui fît éternuer une pluie d'or. Mais bon banquier, le Gros-Homme-Rouge n'éternuait jamais. Oh, Hiram, n'était pas un mauvais bougre, il manquait seulement d'un peu de modestie !

Hiram avait un fils unique qui faisait son désespoir. Il ne lui ressemblait en rien ni moralement ni physiquement : à douze ans passés, Yam n'avait toujours pas le moindre sens du commerce et son nez était si petit qu'on eût dit un museau de souris. Deux grands yeux en amande illuminaient son joli visage au teint mat. Long, fin et élancé, le jeune garçon se déplaçait avec une extrême légèreté. Il traversait l'air sans bruit, aussi silencieux qu'une plume. Jamais depuis sa naissance son père n'avait entendu une seule fois le son de sa voix. Lorsqu'il souhaitait s'exprimer, Yam faisait frémir au vent ses longues boucles de cheveux noirs qui s'agitaient alors en murmurant d'étranges paroles.

L'école ne l'intéressait pas plus que le commerce. Il passait son temps à jouer dans l'eau avec les poissons et à écouter les vieux marins du port conter leurs aventures sur la fabuleuse Mer-du-Monde[1].

---

1. Mer-du-Monde : les peuples de l'Antiquité avaient une représentation du monde limitée à l'espace méditerranéen car ils ne connaissaient pas le reste de la planète.

Un jour, Hiram décida qu'il était temps de prendre en main l'éducation de son fils et que, à force de patience et de courage, il parviendrait à faire de cet enfant étrange le plus digne des héritiers.

Le soleil n'était pas encore levé qu'il fit appeler Yam à ses côtés :

– Yam, mon fils, tu n'as jamais gagné le moindre argent de ta vie. Tu aurais pu chercher à profiter de ma richesse mais tu ne l'as jamais fait et je veux t'en récompenser. Je vais te donner une chance de devenir, enfin, le digne fils de ton père.

Il se tut et attendit la réponse de Yam. Seul le vent se fit entendre. Hiram sentit la colère lui monter au nez :

– Yam, dis-moi quelque chose ! J'ai toujours été très patient avec toi, mais là, tu dépasses les colonnes d'Hercule[1] ! Les gens te prennent pour un véritable crétin dans toute la ville de Tyr. On te donnerait dix coffres de pièces d'or que tu n'en voudrais même pas. Pire, tu irais les semer dans le désert. Des fois que ça pousse ! Et je n'exagère pas ! C'est la dernière fois que je te le répète : un Tyrien doit avant tout être un bon commerçant et un commerçant malin, au pied marin. Mais

1. Les colonnes d'Hercule jouaient autrefois le rôle de bornes dans le détroit de Gibraltar.

peut-être penses-tu, comme les Grecs, que nous sommes des rapaces et des trafiquants de babioles égyptiennes ? Nous sommes les plus grands commerçants de la Méditerranée ! hurla-t-il.

Il prit un air menaçant et continua en agitant le doigt :

– Yam, je t'ai fait construire une barque. Je l'ai chargée de poissons puisque tu sembles t'épanouir en leur compagnie. Tu partiras en mer dès le lever du soleil. Et ne reviens pas à Tyr tant que tu n'as pas vendu ton lot de sardines. C'est un ordre !

En guise de réponse, Yam se contenta de fermer ses yeux en amande et de secouer ses boucles noires. Puis il salua son père avec respect et partit.

Le vent d'est souffla si fort qu'il poussa la barque jusqu'en Sicile. Elle s'échoua brutalement au milieu d'un marais salant. Le choc fut si violent que les cagettes de poisson voltigèrent par-dessus bord. Mais Yam ne s'en aperçut pas immédiatement car il faisait déjà nuit. Il ne découvrit son infortune que le lendemain matin : ses sardines gisaient, çà et là, dans le sel des marais. Il plissa ses yeux, secoua ses boucles noires, ramassa patiemment ses poissons, un par un, et les étala avec soin au fond de la barque.

N'importe quel autre commerçant eût abandonné cette marchandise gâchée dont on ne pouvait plus rien tirer ! Mais Yam était sage, il se fia à son destin, remit sa barque à flot et repartit.

Cette fois, le soleil brilla si fort que Yam en perdit connaissance. Des jours durant, il dériva inconscient jusqu'au rivage libyen, la porte maritime du Sahara. Lorsqu'il eut repris ses esprits, il s'aperçut que ses sardines étaient devenues dures comme du bois. Chose plus curieuse encore, elles ne dégageaient aucune odeur putride après un si long voyage.

« Les dieux sont avec moi, ils ont immortalisé mes poissons ! » se dit Yam tout simplement.

Une caravane[1] passa sur la plage près de sa barque. Hommes, femmes et enfants traînaient péniblement leurs grandes tuniques bleues du désert derrière une dizaine de chameaux faméliques. Ému par la misère du convoi, Yam aborda le chef. Le vieil homme s'arrêta et dessina de mystérieux signes dans le sable avant de répondre :

1. Caravane : les Africains acheminaient leurs marchandises à dos de chameau vers les côtes libyennes. De là, épices, ivoire et poudre d'or étaient chargées sur des bateaux phéniciens et transportées vers d'autres pays.

– Que les dieux te protègent, toi le voyageur qui te soucies de notre sort, dit-il l'air accablé. Nous nous sommes laissé prendre par une tempête de sable. Beaucoup d'entre nous ont disparu. Nos marchandises sont perdues. Et depuis, nous errons l'estomac tenaillé par la faim !

Yam ferma ses yeux en amande et secoua ses boucles noires. Il prit les sardines au fond de sa barque et les offrit au vieillard. Les nomades avalèrent goulûment la chair salée et séchée. Après s'être rassasié, le vieil homme mit sa main sur l'épaule de Yam et lui dit :

– Yam, jamais je ne te remercierai assez ! Je ne peux rien t'offrir si ce n'est ce petit présent...

Le vieil homme souleva les pans de sa longue tunique bleue qui dissimulaient une pochette de cuir. Il l'ouvrit délicatement et en sortit un petit rouleau de toile, pas plus gros que le pouce. Un fil jaune paille le retenait bien serré. Il le dénoua, déroula le morceau de tissu dans le creux de sa main et fit apparaître un grain doré de la taille d'une dent de lait.

– C'est un génie du désert qui me l'a donné, il y a de longues années, expliqua-t-il. J'étais encore très jeune à l'époque et pourtant, je me souviens fort bien de ses mystérieuses paroles : *Des trois tu en possèdes un, réunis les trois et alors tu deviendras le roi.* Et à « roi », il s'est volatilisé dans le sable en riant comme un fou !

Yam prit le grain, remercia le chef des nomades et s'en alla.

Hiram guettait son retour à Tyr assis sur le quai du port. Yam attacha sa barque, descendit et salua son père.

– Combien ? demanda aussitôt le gros commerçant.

En guise de réponse, Yam lui tendit le cadeau du vieil homme. Hiram, d'abord perplexe, regarda le grain puis piqua une terrible colère :

– Tu n'es qu'un crétin ! Trois tonnes de sardines, et tu les échanges contre un grain ! Décidément, tu ne seras jamais malin.

Et, de rage, Hiram lança le petit grain qui vola, vola, vola et tomba sur une colline à droite de Tyr. Cette colline appartenait à leurs voisins de droite. Ces voisins-là avaient une fille superbe aux cheveux dorés comme le soleil, qu'elle tressait en épis autour de sa jolie tête.

– Aïe ! fit la colline.

– Aïe ! fit le grain.

Yam ferma ses yeux en amande et secoua ses boucles noires.

Le temps passa, Hiram décoléra et son nez se dégonfla. Un beau matin, il décida de donner une deuxième chance à Yam. Il chargea sa barque de beaux maquereaux et lui dit :

– Écoute, Yam, je reste plein d'espoir pour ton avenir. Pars dès ce soir et reviens couvert de gloire. Je ne te demande pas grand-chose, seulement quelques piécettes !

Yam s'embarqua de nouveau mais, cette fois-ci, les vagues roulèrent si fort qu'elles le portèrent jusqu'en Sardaigne. En arrivant sur l'île, Yam aperçut de grandes montagnes :

« Là-haut, se dit-il, je vendrai facilement mes poissons. Les montagnards n'ont pas souvent l'occasion d'en goûter. »

Il mit son butin dans un filet qu'il chargea sur son dos et, après trois bonnes heures de marche, il arriva dans un village qui s'appelait Nuoro. Par chance, c'était jour de marché et les nombreux bergers présents pour l'occasion lui achetèrent tous ses poissons. Yam tira de sa vente trente belles pièces d'argent.

Il s'apprêtait à quitter le village quand il entendit pleurer un jeune garçon. Attristé, il s'approcha de l'enfant et lui sécha ses larmes. Le jeune berger ramassa alors quelques pierres et les entassa pour conjurer le mauvais œil avant de parler :

– Que les dieux te protègent, toi le voyageur qui te soucies de mon sort. Je pleure mon troupeau de brebis qu'un bandit vient de me voler !

Yam ferma ses yeux en amande, secoua ses boucles noires et offrit ses pièces d'argent au jeune berger qui put ainsi se racheter de nouvelles bêtes. Au moment du départ, l'enfant sarde dit à Yam :

– Yam, je ne sais comment te remercier ! Je ne peux rien t'offrir si ce n'est ce petit présent...

Tout en parlant, l'enfant se mit à fouiller dans l'épaisse toison de son gilet. Il en sortit une boulette de laine pas plus grosse qu'un oignon, en écarta doucement les fibres et fit apparaître un noyau de la taille d'une crotte de moineau. Le noyau se colorait tantôt de vert, tantôt de noir, tantôt de brun.

– C'est un génie des montagnes qui me l'a donné l'été dernier, expliqua-t-il. Je me souviens encore très bien de ses paroles : *Des trois tu en possèdes un, réunis les trois et alors tu deviendras le roi.* J'ai voulu le questionner mais à « roi », il a disparu au fond des bois en riant comme un fou.

Yam prit le noyau, remercia le jeune berger et s'en alla.

Comme la première fois, son père guettait son retour au port. Il était si impatient qu'il n'attendit même pas, pour le questionner, que Yam l'eût salué :

– Combien ? demanda-t-il en tremblant d'émotion.

Lorsque Yam lui tendit le noyau, Hiram contint sa colère en attendant des explications.

Yam lui raconta son aventure.

« Puisque mon fils a réussi à vendre ses poissons, se dit Hiram en ruminant toute l'affaire, c'est qu'il n'est pas si crétin qu'il en a l'air. En offrant ses pièces au berger, il a commis une simple erreur de jeunesse, voilà tout ! Cette fois, je ne me mettrai en colère que par principe. »

Aussitôt, Hiram feignit un courroux spectaculaire. Il grossit son nez volontairement et dit en agitant vigoureusement un doigt menaçant :

– Tu n'es qu'un demi-crétin. Trois tonnes de maquereaux et tu oses me rapporter un noyau !

Et de rage feinte, Hiram lança le petit noyau qui vola, vola, vola et tomba sur une colline à gauche de Tyr. Cette colline appartenait à leurs voisins de gauche. Ces voisins-là avaient une fille magnifique. Toutes les femmes de Tyr enviaient son teint fascinant qui changeait de couleur avec le temps. Sa peau prenait des reflets tantôt noirs, tantôt verts, tantôt bruns.

– Aïe ! fit la colline.

– Aïe ! fit le noyau.

Yam ferma ses yeux en amande et secoua ses boucles noires.

Le temps passa.

« Jamais deux sans trois ! » se dit un jour le Gros-Homme-Rouge.

Il chargea la barque d'une cargaison spéciale et appela Yam :

– Yam, mon fils, dix poissons volants d'une espèce très rare t'attendent au port dans une cage de roseaux. Ils battent vigoureusement de l'aile. Tires-en un bon prix et j'oublierai nos anciens soucis.

Aussitôt dit, Yam prit sa barque, sa cage et partit. Ce jour-là, le vent soufflait faiblement. L'embarcation dériva lentement jusqu'à l'archipel des Cyclades, en Grèce. Les habitantes de ces îles étaient réputées pour leurs pouvoirs maléfiques. Mais Yam ne s'en inquiéta pas. Quelques minutes plus tard, trois superbes sirènes[1] au plumage vert

1. Sirènes : dans l'Antiquité, les hommes imaginaient les sirènes comme des femmes-oiseaux charmeuses aux pouvoirs maléfiques. Elles n'ont été représentées avec des queues de poisson qu'à partir du Moyen Âge.

vinrent voler au-dessus de sa tête en l'invitant cordialement à se reposer sur leur île.

« Étrange ! se dit Yam. Les sirènes ont d'ordinaire de méchantes coutumes alors que celles-ci ont l'air complètement inoffensives. »

Il se laissa donc conduire au palais. Là, les femmes-oiseaux voulurent l'allonger sur un lit d'oursins :

– Les piquants te feront du bien ! lui dirent-elles avec gentillesse.

« Décidément, se dit Yam, quelque chose ne tourne pas rond ! »

Et lorsqu'elles se mirent à chanter pour honorer leur visiteur, ce fut la catastrophe : elles s'égosillaient en frétillant du bas des reins. Très inquiet, Yam leur demanda ce qui se passait :

– Que les dieux te protègent, toi le voyageur qui te soucies de notre sort, répondit l'une d'elles. Depuis que notre reine est prisonnière d'un vilain démon des Airs, tout ce que nous faisons va de travers et nous n'y pouvons rien !

Alors, Yam ouvrit sa cage de roseaux et remua sa chevelure :

– Poissons volent ! dirent ses boucles noires en frémissant.

Les poissons partirent très haut dans le ciel et délivrèrent la reine des sirènes.

– Yam, tu m'as sauvé la vie ! dit la belle souveraine une fois revenue sur l'île. Accepte en échange ce qui m'est le plus cher...

Elle sortit une poignée de duvet de son plumage vert et souffla dessus pour faire apparaître un minuscule pépin.

– Sa valeur à mes yeux est purement sentimentale, expliqua-t-elle. Un marin que j'aimais me l'a confié avant de mourir. Je me souviens encore très bien de ses dernières paroles. Il ne cessait de prononcer une mystérieuse formule en évoquant un génie des eaux : *Des trois tu en possèdes un, réunis les trois et alors tu deviendras le roi*. Prends ce pépin à ton tour, dit-elle à Yam.

Puis elle le conduisit dans sa salle aux trésors afin qu'il emportât quelques bijoux. Yam prit trois petits anneaux en or au milieu des montagnes de joyaux et s'en alla.

Cette fois encore, son père le guettait au port.

– Combien ? lui cria-t-il de loin en faisant sonner quelques pièces dans sa main.

Aussitôt débarqué, Yam lui tendit le pépin et raconta

son aventure. Quand il avoua qu'il n'avait presque rien pris dans le trésor des sirènes, Hiram devint fou de rage et il lança le pépin de toutes ses forces. Le pépin vola, vola, vola et tomba sur une colline au centre de Tyr, entre celle de gauche et celle de droite. Elle appartenait aux voisins qui habitaient juste en face de chez Hiram et Yam. Ces voisins-là avaient une fille aux lèvres pulpeuses, rouge vermillon.

– Aïe ! fit la colline.

– Aïe ! fit le pépin.

Alors, tout alla très vite. Hiram et Yam virent surgir trois génies qui tapaient sur des tambourins magiques. Ils étaient respectivement le génie du Désert, le génie des Montagnes et le génie des Eaux. Les trois esprits se mirent à chanter joyeusement en s'adressant à Yam :

Des Trois tu possèdes les Trois
Du grain poussera le blé
Du noyau sortira l'olivier
Du pépin jaillira le raisin
Des Trois tu possèdes les Trois
Le soleil du désert
La terre des montagnes
L'eau des rivières

Un deux trois
Puisque tu as réuni les Trois
Alors tu es devenu
le roi de la Méditerranée

– Le roi des crétins ! hurla Hiram qui ne décolérait pas.

– CLAC ! fit la première claque que lui donna le génie du Désert.

– CLAAC ! fit celle du génie des Montagnes.

– CLAAAC ! fit la dernière, celle du génie des Eaux.

Yam ne put s'empêcher d'éclater de rire en voyant la mine déconfite de son père. Et dès que les trois génies disparurent, la colline de droite se recouvrit à perte de vue d'épis de blé doré ; celle de gauche, de magnifiques oliviers ; et celle du centre, de centaines de pieds de vigne.

Émerveillés par un tel prodige, les Tyriens firent de Yam leur roi à jamais. Les voisins de droite, de gauche et du centre lui offrirent leurs superbes filles qui devinrent reines toutes les trois en même temps. Yam les aima immédiatement et, à chacune, il donna un de ses trois anneaux en or.

Dès lors, Yam devint un excellent roi-commerçant. Au printemps de chaque année, il chargeait les quarante cargos de son père et partait vendre sa farine, son huile et son vin.

Jamais plus Hiram n'osa le traiter de crétin et, jusqu'à sa mort, il lui voua une grande admiration.

Si par bonheur, au cours de ses voyages, Yam rencontrait quelqu'un de grande sagesse, il lui offrait tantôt un grain, tantôt un pépin, tantôt un noyau. Le blé, la vigne et l'olivier poussèrent ainsi un peu partout sur les rives du bassin. Et c'est depuis cette époque que la Méditerranée est le pays du pain, du vin et des olives.

IV

La Mer tu sauras, mais jamais tienne elle ne sera !

– Je-ne-veux-pas-devenir-pharaon ! dit le jeune prince en insistant bien sur chacun de ses mots.

Son grand-père, le pharaon Tefnakht, et le vizir l'entendirent stupéfaits. À cette époque-là en Égypte, scribes, hauts fonctionnaires et grands prêtres enseignaient aux princes l'art de régner dès leur plus jeune âge. Cette tradition immuable se répétait de dynastie en dynastie sans que jamais personne n'eût osé la remettre en cause, et encore moins un futur pharaon.

– Tu veux dire que tu refuses l'enseignement sacré des pharaons ? demanda le vieux Tefnakht, bouleversé par la surprenante déclaration de son petit-fils. Et peut-on savoir pourquoi ?

– Parce que j'ai enfin compris l'énigme de ma naissance, répondit l'enfant du tac au tac. Et dès ce soir, je pars conquérir la Très-Verte[1] car je dois devenir marin et non pharaon !

Tefnakht ne réagit pas. Il savait très bien à quoi le petit prince faisait allusion.

– Rappelez-vous, poursuivit l'enfant en s'adressant aux deux hommes, rappelez-vous les circonstances de ma naissance ! J'ai poussé mon premier cri, il y a dix ans, à l'instant même où le soleil se couchait. Ne dit-on pas ici en Égypte, pour décrire ce moment magique, que Râ pose sa barque solaire sur l'Océan Primordial[2] ? Cette coïncidence unique dans l'histoire des pharaons n'a-t-elle pas provoqué un étrange phénomène : ce mystérieux

---

1. Très-Verte : nom donné à la Méditerranée par les Égyptiens dans l'Antiquité.
2. Océan Primordial : pour se représenter la course quotidienne du soleil dans le ciel, les Égyptiens imaginaient que le dieu Râ portait la lumière dans une barque céleste. Son embarcation sortait des Eaux Primordiales le matin alors qu'il n'était qu'enfant (Khépri), puis elle atteignait le zénith lorsqu'il était adulte (Râ) et replongeait le soir dans la mer quand il était devenu un vieillard croulant (Atoum).

bruit de vagues surgi du néant qui a résonné dans le palais pendant des heures ? Rien ne pouvait l'arrêter ! Ma mère a cru devenir folle...

– Je sais, je sais tout cela mieux que toi, petit prince, l'interrompit doucement Tefnakht. Nous sommes tous d'accord sur le sens de cette manifestation divine : ton destin te lie à la mer. Devenir marin n'en est pas pour autant, à mon avis, la bonne interprétation. Le message de Râ est certainement plus subtil !

– Et puis la navigation est périlleuse, ajouta le vizir. Son apprentissage est long et ingrat, car la mer toujours imprévisible est indomptable. Tu es né prince d'Égypte, et tu deviendras grand pharaon comme ton père le sera après ton grand-père.

Le prince lança un regard noir au vizir et, plus déterminé que jamais, il mit fin à la discussion.

– Vos arguments ne serviront à rien. Je pars dès ce soir, répéta-t-il. La mer sera mienne, j'en suis sûr !

– Hum, hum, se contenta de répondre Tefnakht, l'air pensif.

Le petit prince semblait vraiment sérieux. Avant de prendre une décision, le vieux pharaon préféra consulter le grand prêtre du temple de Kôm Ombo, qui interrogea aussitôt le dieu Crocodile :

– Salut à toi, Sobek le Crocodilopolite, Râ, Horus, dieu puissant. Salut à toi, Sobek le Crocodilopolite, salut à toi qui t'es levé des Eaux Primordiales, Horus, chef de l'Égypte, taureau des taureaux, grand être mâle, maître des îles flottantes[1] !

Le grand prêtre attendit que l'esprit de Sobek se manifestât et traduisit sa réponse à Pharaon :

– Le prince doit partir affronter son destin, dit-il. Il portera pendant son voyage une boîte talismanique qui le protégera des dangers de l'eau. Sculptée dans de l'ébène et sertie d'or, elle aura la forme parfaite du ANK[2], le symbole égyptien de vie. L'œil magique d'Horus, porte-bonheur et antidote contre les mauvais sorts, ornera son couvercle.

Tefnakht fit fabriquer le talisman selon les indications du dieu Crocodile. Puis il confia le prince au commandant d'un navire crétois qui remontait le Nil en direction de la Méditerranée. Pour plus de discrétion, sandales d'or et tunique de lin furent échangées contre un modeste pagne en papyrus et, ainsi, l'enfant royal partit vêtu comme un petit paysan.

---

1. La formule du prêtre est une vraie prière de l'Égypte ancienne.
2. Ank : ☥ symbole de vie égyptien.

Après cinq jours de navigation, il arriva au port de Canope situé en bordure de mer, juste à l'embouchure du Nil. Là, l'enfant aborda un vieux pêcheur et, sans hésiter, il lui proposa d'acheter sa barque.

– Où veux-tu aller avec cette vieille carcasse ? lui demanda l'homme en le dévisageant des pieds à la tête. Tu me sembles bien jeune pour t'aventurer seul...

– Je pars conquérir la Très-Verte car la mer doit être mienne, lui répondit le prince, sûr de lui. Tel est mon destin !

– Tu n'y es pas, mon garçon, cette barque est tout juste bonne à pêcher en rivière, lui expliqua le vieil homme.

Le prince ne voulut rien savoir. Sans un mot, il posa quelques pièces d'or sur un banc à côté du pêcheur et sauta dans la barque du haut du ponton. L'embarcation tangua dangereusement, déséquilibrant l'enfant qui tomba à l'eau. Le vieux pêcheur plongea à son secours et le ramena au sec.

– Que cet autre monde est vaste et trouble ! s'étonna le prince en reprenant son souffle.

– Et encore, l'avertit le vieux pêcheur, tu n'as rien vu, mon petit bonhomme ! La Très-Verte est immense et pleine de dangers. Tu aurais dû m'écouter ! Maintenant, on est trempés jusqu'aux os !

– Moi qui croyais être fait pour devenir marin ! Je m'imaginais conquérir la mer en une journée, avoua le prince, honteux de sa déconvenue.

Et il raconta toute son histoire au vieil homme, depuis sa mystérieuse naissance jusqu'à son embarquement sur le navire crétois.

– Écoute, dit le vieux pêcheur, jamais la mer ne t'appartiendra car elle n'appartient à personne. Au mieux apprendras-tu un jour à la connaître. De toute façon, tu n'es pas né pour être marin. Ne fais pas cette tête-là et cherche plutôt une autre interprétation du message de Râ. Je vais te raconter une aventure qui m'est arrivée, il y a fort longtemps. Cette histoire t'aidera peut-être à trouver un sens à la tienne ! Maintenant, petit prince, écoute le bruissement de la mer...

Et le vieux pêcheur se mit à conter...

« À cette époque, je commandais un grand navire de cent vingt coudées de long sur quarante de large[1]. C'était un superbe bateau avec une immense proue relevée vers le ciel. Sa grande voile carrée se gonflait

1. Coudée : ancienne mesure équivalant à la distance qui sépare le coude de l'extrémité du majeur (environ 50 cm). Le navire égyptien mesurait 60 mètres de long sur 20 de large.

d'orgueil. Pharaon en personne m'avait envoyé chercher de l'or, du cuivre et de la turquoise dans ses mines du Sinaï[1].

À bord, plus de cent vingt des meilleurs marins égyptiens étaient sous mes ordres. Qu'ils surveillassent le ciel ou la terre, tous avaient la puissance des lions sauvages[2]. Leur science de la navigation était inimaginable. Non seulement ils savaient lire dans les astres et étudier l'atmosphère, mais en plus ils étaient capables de prévoir les tempêtes et les ouragans.

Le jour de notre départ, la mer était très calme et le voyage s'annonçait clément. Les hommes, grisés par l'air marin, ramaient insouciants en chantant allègrement. Mais, brusquement, un gigantesque éclair déchira le ciel pur, emplissant l'air d'un craquement infernal ; le soleil disparut derrière un étrange amas de nuages noirs ; un orage éclatait et personne à bord ne l'avait senti venir ! Le phénomène ne présageait rien de bon...

Bien que la tempête redoublât, nous continuâmes pourtant à naviguer courageusement jusqu'à ce qu'une

---

1. Sinaï : péninsule à l'extrémité nord-orientale du territoire égyptien, limitée au nord par la Méditerranée.

2. Lions : ces fauves étaient nombreux au Proche-Orient pendant l'Antiquité. Aujourd'hui, on ne les trouve plus qu'en Afrique noire.

gigantesque vague surgît des flots. Elle retourna le bateau aussi facilement qu'une vulgaire brindille et tout l'équipage, sauf moi, périt noyé ! Je ne sais pas encore par quel miracle je parvins à m'accrocher au mât. Une planche se détacha du bateau disloqué, je m'y agrippai comme un désespéré et dérivai inconscient, ballotté par les vagues au gré des courants. Quand je repris connaissance, j'étais allongé sur une plage déserte, le corps meurtri, incapable de savoir combien de temps avait duré mon errance.

Il me fallut trois jours et trois nuits de repos pour récupérer un peu d'énergie. Je dormis à l'abri d'un arbre avec mon cœur pour seul compagnon. Mais le sommeil ne parvint pas même à m'ôter le nœud que j'avais au fond de la gorge :

« Comment vais-je me justifier auprès de Pharaon, si un jour j'ai la chance de le revoir ? me demandais-je, terriblement inquiet. Jamais il ne croira un mot de cette invraisemblable histoire d'orage ! »

La honte et la culpabilité me rongeaient les nerfs. J'avais cent vingt morts sur la conscience, sans parler de la perte du navire qui valait une fortune !

Je me décidai à explorer les environs de la plage pour me changer les idées mais, bien vite, je réalisai que j'étais sur une île complètement perdue au milieu des flots. Par bonheur, elle regorgeait de fruits odorants et de légumes multicolores. Rien n'y manquait : figues, raisins, poireaux, oignons et même des concombres géants, mon légume préféré. J'en pris un et, à ma grande stupeur, il fut aussitôt remplacé par un autre concombre ; pour chaque fruit cueilli, un autre repoussait. Je compris alors que la vie se renouvelait perpétuellement sur l'île !

Je voulus faire des offrandes aux dieux pour les remercier de m'avoir porté en un lieu si luxuriant. Je rassemblai les plus beaux fruits que je pus trouver et en fis un tas auquel je mis le feu, loin de me douter alors des conséquences désastreuses de mon geste, pourtant bien innocent. La première étincelle provoqua un véritable cataclysme sur l'île !

Un insupportable fracas me déchira les tympans, les arbres craquèrent et la terre se fissura. Je crus quelques instants que la tempête revenait de plus belle... Je compris mon erreur quand, au milieu d'une pluie d'étincelles, j'aperçus un gigantesque serpent qui me fonçait dessus. Jamais je n'aurais soupçonné qu'un tel animal – si c'en était un – eût pu exister ! Il portait une longue barbe et son corps, entièrement recouvert d'or, brillait de mille feux. Ses sourcils en lapis-lazuli lui donnaient un regard à peine soutenable. Ce serpent semblait venir d'un autre monde !

« Peut-être est-il un dieu ! » me dis-je terrorisé.

Le monstre s'arrêta brusquement devant moi. J'aurais tout donné pour disparaître.

– Qui t'a amené, ici, qui t'a amené, petit ? demanda-t-il en sifflant. Puisque tu m'as réveillé, tu me dois des explications !

Comme je restais sans voix, il reprit, menaçant :

– Si tu tardes à me répondre, je te réduirai en cendres !

Plus apeuré encore par cette terrible perspective, je bredouillai une phrase à peine audible :

– J'entends bien tes paroles mais ne puis te répondre car ta puissance m'impressionne.

Alors, sans un mot, le serpent me souleva avec sa queue et me mit dans sa gueule béante. Une fois arrivé dans son repaire, il me déposa délicatement à terre et reprit :

– Qui t'a amené ici, qui t'a amené, petit, en cette île perdue au milieu des flots ?

Je me sentis un peu plus rassuré car sa voix se faisait plus douce.

« Finalement, me dis-je, ce serpent n'est peut-être pas aussi redoutable qu'il en a l'air. S'il avait voulu me dévorer, il l'aurait fait depuis longtemps. »

Je lui racontai donc comment les vagues m'avaient porté sur les rivages de son île.

– Ne crains rien, siffla-t-il. Ne te tourmente plus ! Ce sont les dieux qui t'ont épargné. En te guidant jusqu'à moi, ils t'ont sauvé la vie, car ici tu es sur l'île du Ka[1], l'île des énergies vitales et de la vie éternelle. Ma puissance est sans limites. Je connais même ton avenir : tu vas rester ici quatre mois avant qu'un navire royal ne passe dans les environs et te recueille. Tu repartiras avec ces marins dans ton pays natal où tu retrouveras ta femme et tes enfants. Tu y vieilliras tranquillement et tu mourras près des tiens. Bienheureux celui qui peut conter son aventure, une fois passés les événements pénibles ! Et ton récit aura du succès, tu peux me croire, ajouta-t-il mystérieusement. Si tu sais montrer un peu de courage pour surmonter cette épreuve, tu en sortiras plus fort et plus sûr de toi. Il faut savoir affronter les

1. Ka : ensemble des énergies qui donnent vie à un corps – animal, végétal, humain – et qui animent aussi Maat, l'ordre universel. L'expression « passer son *ka* » signifie « mourir ». On peut se représenter le *ka* comme une sorte de réservoir des forces vitales d'où provient toute vie et grâce auquel toute vie subsiste.

revers de l'existence car, de chacune de ces expériences, tu tires un enrichissement.

En écoutant le récit du serpent, je sentis renaître l'espoir. Ses conseils m'apaisèrent et me redonnèrent confiance. Je me prosternai devant lui et déclarai de façon exaltée :

– Je vanterai ta puissance à Pharaon. Je t'enverrai des parfums raffinés et de l'encens sacré. Je sacrifierai des taureaux et des volailles en ton honneur. Vers toi vogueront des navires chargés de toutes les richesses de l'Égypte !

Le serpent éclata d'un rire franc et généreux. Mes propos avaient eu l'air de bien l'amuser. Il me répondit avec gentillesse :

– Tu veux m'honorer en m'offrant parfums et encens, mais sache que je suis le roi du pays de Pount[1] où l'encens et les parfums se trouvent en abondance. Sache que ma puissance est bien plus grande que celle de Pharaon ! Après ton départ, cette île merveilleuse s'abîmera dans les flots car, normalement, elle n'est pas visible à l'œil nu. Et jamais tu ne pourras la retrouver.

1. Pount : nom ancien d'une région située en Afrique, à cheval entre l'Érythrée et la Somalie.

Quatre mois s'écoulèrent et un grand navire apparut à l'horizon ainsi que l'avait prédit le serpent. Je courus lui annoncer la nouvelle mais il était déjà au courant :

– Retourne en bonne santé, en bonne santé, petit, vers ta maison, me dit-il en guise d'adieux. Fais en sorte que mon nom soit connu et respecté dans ta ville. C'est tout ce que je te demande !

Au moment de partir, il m'offrit une montagne de cadeaux : parfums, encens, khôl[1] noir, queues de girafe, défenses d'ivoire, chiens de chasse, babouins et bien d'autres merveilles encore !

Deux mois plus tard, j'arrivai en Égypte sans encombre. Je frappai le pieu[2] et fus rapidement introduit auprès de Pharaon à qui je contai mon étrange histoire. Pour prouver mes dires, je lui offris les présents du serpent. Émerveillé par leur richesse, Pharaon me pardonna l'échec de ma mission. Finalement, je pense aujourd'hui qu'il fut surtout séduit par le caractère extraordinaire de mon récit car il demanda à un scribe d'en prendre note avec minutie. Le fonctionnaire le

---

1. Khôl : substance noirâtre et parfumée dont les Orientaux frottent leurs sourcils et leurs paupières.

2. Frapper le pieu : ancienne expression égyptienne qui signifie « arriver à bon port ».

coucha sur un beau papyrus et l'appela *Le Conte du Naufragé*[1] !

L'histoire du vieux pêcheur avait tant captivé le jeune prince que la nuit était tombée sans qu'il s'en fût aperçu. Le lendemain matin, lorsqu'il s'apprêta à quitter le port de Canope, le vieil homme lui répéta avec insistance :

– Penses-y, mon petit bonhomme, tu n'es pas né pour être marin, même si les circonstances de ta naissance te lient inexorablement au destin des gens de mer ! Je t'ai conté un petit morceau de la Très-Verte. Jamais tienne elle ne sera car la mer n'appartient à personne, pourtant un jour, tu en sauras davantage. À toi de trouver comment !

Dès qu'il fut rentré au palais de son grand-père Tefnakht, le petit prince voulut aussitôt commencer l'enseignement sacré :

– JE-VEUX-DEVENIR-LE-PLUS-GRAND-DES-PHARAONS ! déclara-t-il en riant à son grand-père et au vizir.

– Aurais-tu trouvé une autre interprétation à l'énigme de ta naissance ? lui demanda le vieux pharaon Tefnakht avec malice.

---

1. *Conte du Naufragé* : ce récit du Moyen Empire (1900 av. J.-C.) n'a été conservé que sur un seul papyrus qui est aujourd'hui au musée de l'Ermitage à Saint-Pétersbourg, en Russie.

– Je crois que oui ! avoua le petit prince.

Le petit prince ne sut jamais si l'histoire du naufragé était vraie. Les propos du vieux pêcheur de Canope lui restèrent toujours en mémoire : *Tu sauras la Très-Verte, mais jamais tienne elle ne sera !*

Les années passèrent, il grandit et devint à son tour pharaon, le maître du grand royaume d'Égypte. Ce qu'il fit alors, personne ne l'avait fait avant lui : il demanda aux meilleurs architectes navals de Méditerranée – des savants de Phénicie et des Cyclades – de construire des navires par milliers, tous taillés dans les plus beaux cèdres du Liban. Jamais l'Égypte n'eut une flotte aussi puissante ! Les superbes bateaux ne furent pas destinés pour autant à la guerre. Pharaon le pacifiste les envoya explorer les moindres recoins de la Très-Verte. De chaque voyage, les marins revenaient les yeux brillants de souvenirs extraordinaires que les chefs d'expédition contaient à Pharaon. Une équipe de cent scribes notait sur papyrus chacune de ces merveilleuses péripéties pour les conserver le plus longtemps possible dans la bibliothèque du palais.

Désormais, Pharaon connaissait la Très-Verte !

V

Pas plus humain qu'un dauphin !

POUR PARLER DES DAUPHINS, les Méditerranéens ne trouvent jamais de mots assez doux. Ils connaissent de très belles histoires d'amour ou d'amitié qui toutes, sans exception, témoignent de la formidable complicité entre l'homme et ce mammifère marin.

En Espagne, on entend souvent celle du dauphin majorquin qui aida le fils d'un pêcheur à épouser la fille du roi. En Grèce, les marins évoquent depuis des générations – et toujours avec la même émotion – l'incroyable comportement d'une femelle qui, chaque soir pendant des années, vint pleurer son ami navigateur enterré au bord de la mer.

L'origine de cette étrange affinité entre l'homme et le dauphin remonte en fait à une histoire très, très ancienne qui se déroula tout au début de l'Antiquité...

À l'époque, les dieux grecs vivaient sur terre parmi les hommes. Ils possédaient des dons fabuleux et leurs prodiges étaient innombrables. Ainsi, ils savaient deviner les pensées de n'importe quel être vivant, faire surgir des pluies d'éclairs ou encore se métamorphoser à l'infini en dissimulant leur identité divine sous les traits d'un taureau, d'un cheval ou d'un oiseau !

Dionysos[1], le jeune dieu du Vin, avait quant à lui le pouvoir d'inspirer les poètes grâce à son extraordinaire beauté : ses lèvres gourmandes et son épaisse chevelure brune lui donnaient un charme irrésistible. Dionysos, qui partait donc souvent voyager à travers la Grèce pour aider les aèdes[2] à composer leurs odes, séjournait aussi

---

1. Dionysos : fils des amours illégitimes entre Zeus, le roi des dieux, et une jeune déesse, Sémélé. Héra, la femme de Zeus, était très jalouse des infidélités de son époux. Elle tenta à plusieurs reprises de tuer le bébé. Pour le protéger, Zeus le cacha au pays de Nysa où des nymphes l'élevèrent.

2. Aède : poète de la Grèce antique qui chantait ou récitait en s'accompagnant de la lyre.

régulièrement en Inde et en Asie où il apprenait aux hommes les bienfaits du vin.

Un jour, alors qu'il parcourait la côte en revenant d'un de ses longs périples orientaux, Dionysos se sentit fatigué. Le soleil chauffait durement et l'air frais se faisait rare.

Épuisé par sa longue marche ininterrompue, il s'autorisa quelques minutes de repos avant de gagner l'île de Naxos[1] où se préparait une fête organisée en son honneur[2]. Il s'allongea au bord de la mer sur un étroit promontoire recouvert d'herbe tendre puis but deux ou trois rasades de vin fruité pour se rafraîchir avant de s'endormir profondément, bercé par le bruit des vagues.

Un navire de pirates tyrrhéniens[3] qui sillonnait dans les parages l'aperçut de loin. Sept redoutables gaillards étaient à son bord : Lycabas le capitaine, Acétès le pilote et cinq matelots aussi agiles que des singes.

---

1. Naxos : la plus grande île des Cyclades. C'est là que Thésée abandonna Ariane après avoir tué le Minotaure en Crète. Ses habitants vouaient une grande adoration à Dionysos car la vigne abondait sur l'île.

2. Fête dionysiaque : fête religieuse en l'honneur du dieu du Vin et des poètes. Durant cette cérémonie, les femmes buvaient jusqu'à l'ivresse et parcouraient ensuite la campagne en poussant des cris de délire.

3. Ces Tyrrhéniens venaient probablement de Lemnos, une île grecque de la mer Égée située près des côtes turques.

En s'approchant de la côte, Lycabas, le plus cruel d'entre eux, remarqua la beauté de Dionysos. Il décida aussitôt de profiter du sommeil du dormeur pour l'enlever.

« Pour être aussi beau, ce garçon doit être le fils d'un roi puissant ou l'enfant d'une noble famille grecque, se dit-il. Je pourrai certainement en tirer une bonne rançon. »

Lycabas expliqua son plan aux matelots et les cinq hommes s'exécutèrent sans bruit. Ils affalèrent la grande voile avec mille précautions, puis laissèrent le navire glisser sur une dizaine de mètres vers la petite plage située en contrebas du promontoire où reposait Dionysos. Quand le bateau atteignit la rive claire, les redoutables brigands qu'ils étaient sautèrent lestement par-dessus bord, l'œil furtif et le couteau entre les dents. Ils avancèrent dans le sable brûlant sur la pointe des pieds et rejoignirent Dionysos en quelques secondes. Ils le paralysèrent au sol puis le soulevèrent brutalement par les bras et les jambes pour le porter jusqu'au bateau.

– Haut, haut, hissez haut le beau gogo qui faisait un gros dodo, s'esclaffèrent-ils en le jetant à bord comme un vulgaire sac d'os.

La violence de sa chute le laissa stupéfait. Il se garda pourtant de réagir trop précipitamment et prit le temps de réfléchir à la meilleure façon de se venger :

« Ces sales brigands méritent une bonne leçon, se dit-il. Je vais feindre la faiblesse en me comportant comme un poltron. Mon attitude inoffensive me mettra en dehors de tout soupçon et, ainsi, je pourrai user de mes fabuleux pouvoirs en toute tranquillité ! »

Et aussitôt, il cria aux matelots en faisant l'enfant :

– Pitié, pitié, ne me faites pas de mal ! Si vous me touchez, je le dirai à mon père et il vous punira !

– Hou, hou ! mais quelle chochotte ! s'exclamèrent les marins hilares. Il veut se plaindre à son cher papa. Quel vilain !

– Ça suffit ! leur ordonna Lycabas sur un ton tranchant. Mettez-vous au travail immédiatement ou sinon vous n'aurez pas votre part de butin. Ligotez-le solidement au mât, et en silence !

– À vos ordres, capitaine ! répondirent en chœur les gros bras.

Dictys le premier alla chercher
des fibres de chanvre.
Libys le second les dénoua du bout des doigts.

Mélanthus le troisième les tressa trois par trois.
Alcimédon le quatrième ficela Dionysos sur le mât.
Et Épopée le cinquième, de ses chants
les y encouragea !

Dionysos se laissa faire, se moquant en son for intérieur de la bête méchanceté des pirates.

Les matelots se donnèrent beaucoup de mal pour l'attacher et l'un d'eux se vanta du travail bien fait auprès de Lycabas :

– Le prisonnier est ficelé comme une momie, annonça-t-il fièrement. Il n'est pas près de se sauver, je vous le garantis, capitaine !

En entendant le matelot fanfaronner, Dionysos estima que le moment était venu d'utiliser ses pouvoirs : il fit brusquement éclater ses liens ; les mètres de corde se sectionnèrent en mille morceaux et volèrent à l'autre bout du bateau pour s'éparpiller sur le pont en retombant.

– Ce n'est pas moi ! minauda Dionysos l'air innocent. Je vous jure, je n'ai rien fait !

Les pirates en eurent le souffle coupé. Acétès le pilote osa enfin rompre le silence pesant. Sa voix tremblait d'émotion :

– Ce garçon n'est pas normal. J'ai bien peur qu'il n'ait de l'homme que l'apparence car il se comporte comme un dieu. Ses pouvoirs semblent redoutables. Mes pauvres amis, je crains qu'il se moque de nous. Relâchons-le avant qu'il ne soit trop tard !

Son intervention sema le trouble dans l'esprit des matelots. Mais Lycabas reprit immédiatement la situation en main et lui boucla le bec avec insolence :

– Mon pauvre ami, toi-même ! Occupe-toi de nous mener à bon port, c'est tout ce qu'on te demande. Tiens la barre, hisse la voile et tais-toi ! Nous nous passerons bien de tes conseils fumeux pour nous occuper de cette petite gueule d'amour. Hein, les gars ? lança-t-il aux matelots qui approuvèrent aussitôt. Et si ce beau prince ne daigne pas nous dire d'où il vient, poursuivit-il avec arrogance, nous le vendrons comme esclave en Égypte ou à Chypre. Tiens-le-toi pour dit, espèce de couard ! Tu n'es qu'une poule mouillée ! Et sache que je n'ai pas l'habitude de plaisanter, alors tu as intérêt à m'obéir !

Malgré la menace de Lycabas, Acétès, qui était plus perspicace que les autres, refusa tout net de reprendre ses fonctions de pilote. Lycabas l'insulta et prit sa place à la barre. Il jeta des ordres à la volée. Le bateau s'écarta de la rive, puis accéléra sa course. Le vent s'engouffra dans la voile. La coque fila vite et droit sur l'eau transparente.

Lorsque le bateau fut suffisamment loin de la terre ferme, Dionysos fit signe au pilote de se placer derrière lui. Dès qu'Acétès fut à l'abri, Dionysos prononça une formule magique extrêmement puissante qui arrêta la course du navire. Le choc brutal provoqua un mouvement de panique parmi l'équipage. C'est alors que la coque, complètement immobilisée, se mit à suinter du vin. Cette fois, les Tyrrhéniens hurlèrent d'effroi. Puis Dionysos fit jaillir d'un seul coup un pied de vigne géant dont les feuilles monstrueuses étouffèrent la voile ; un lierre étrangleur s'enroula autour du mât à une vitesse fulgurante, les rames du bateau se transformèrent en immondes serpents et Dionysos se métamorphosa en lion rugissant. Terrorisés, les pirates s'enfuirent à la poupe du navire en criant.

Pour assouvir sa vengeance, le dieu-fauve se jeta alors sur Lycabas et le dévora tout cru devant les matelots horrifiés, qui choisirent de se jeter à l'eau plutôt que d'être déchiquetés à leur tour. Mais aucun ne savait nager et ils durent se débattre tant bien que mal pour rester à la surface tout en implorant Dionysos de leur pardonner. Le jeune dieu hésita...

Quand enfin il se décida à leur porter secours, il s'aperçut avec surprise que la peau de Dictys s'était colorée de bleu. Sa stupéfaction augmenta en voyant le visage de Libys se rétrécir et s'allonger, les mains de Mélanthus se transformer en nageoires, le dos d'Alcimédon se cambrer tel un arc, et les pieds d'Épopée se changer en queue de poisson. Les matelots venaient de se métamorphoser en magnifiques dauphins bleus.

– Seul Poséidon, le dieu de la Mer, est capable d'un tel prodige, confia Dionysos admiratif à Acétès. Il a dû éprouver de la pitié pour ces vilains bougres qui allaient se noyer ! conclut-il en regardant les dauphins s'éloigner.

– C'est incroyable ! s'exclama Acétès, encore plus émerveillé que Dionysos.

Quelques secondes après, le navire reprit son apparence normale et, quand le pilote fut remis de ses émotions, Dionysos le félicita d'avoir été aussi perspicace. Il lui proposa de venir participer aux réjouissances prévues sur l'île de Naxos, et les deux nouveaux amis s'y rendirent sans plus attendre.

Quand il reprenait la mer, tout au long des années suivantes, Dionysos apercevait souvent les dauphins dans le sillage de son bateau. Et chaque fois leur manège était le même : ils sautaient hors de l'eau jusqu'à ce que le jeune dieu les saluât d'un signe de la main. Les dauphins lui répondaient alors en poussant de petits cris stridents, puis ils repartaient vers le large en glissant entre les vagues.

VI

POISSON LUISANT

AUTREFOIS, la vie était rude pour les pêcheurs méditerranéens. Ils travaillaient dur et gagnaient peu. Et c'était encore plus difficile pour ceux qui n'avaient pas d'enfants car avec l'âge, leurs vieilles jambes trop fatiguées ne pouvaient plus les porter et personne ne les aidait à remplir leurs écuelles. Ils devaient se débrouiller seuls et trimaient jusqu'à leur dernier souffle.

Un bon vieillard italien allait ainsi chaque jour couper du bois en forêt pour le vendre aux villageois des Abruzzes[1]. Avec ses deux ou trois sous, il s'achetait ensuite une petite boule de pain noir, sans quoi il ne mangeait pas. Et sa femme non plus ! Vendre du bois était pour eux le seul moyen de survivre car leurs trois fils étaient morts en mer, emportés par une tempête.

Depuis cette tragique disparition, le vieillard et sa femme vivaient complètement isolés dans leur petite bicoque, perchée en haut d'une falaise. Les murs de pierre suintaient la tristesse, les volets grinçaient au vent. Et assise sur le seuil de terre grise, la pauvre vieille passait ses journées à verser des larmes amères face à l'immensité de la mer Adriatique[2].

Un matin qu'il travaillait au bois, le vieux repensa avec nostalgie à ses années de bonheur perdu. Ses souvenirs l'absorbèrent tant qu'il se mit à parler à voix haute sans s'en rendre compte :

– Ah ! si au moins je pouvais avoir un autre fils ! soupira-t-il. La vie me serait tellement moins dure ! Je l'emmènerais travailler au bois avec moi, je lui apprendrais à jardiner...

---

1. Abruzzes : région située dans le centre de l'Italie, le long de la mer Adriatique.

2. L'Adriatique : mer qui se situe entre l'Italie et la péninsule balkanique. On dit qu'elle est une mer annexe de la Méditerranée.

Et tout en sachant pertinemment que son souhait était irréalisable, il continua pourtant à rêver :

– Un petit garçon, conclut-il timidement, même tout petit, un riquiqui, un petit bout d'homme, peu m'importe car, même petit, il serait mon fils !

À peine eut-il terminé sa phrase qu'un joli lutin roux surgit mystérieusement de l'épais feuillage des arbres.

– Pour te servir, dit le minuscule garçon en s'inclinant respectueusement. Je commençais à désespérer. J'attends depuis très longtemps que tu t'exprimes à voix haute ! Sache que les lutins de la forêt ne se manifestent qu'à cette condition.

Le vieillard, stupéfait, observa le lutin. Il était exactement tel qu'il se l'était imaginé, l'œil vif, le nez en trompette et le visage couvert de taches de rousseur. Il portait une paire de culottes en velours rouge flamboyant et sa belle cape de laine verte projetait sur le sol une ombre démesurément grande pour sa taille, ce qui lui donnait une allure presque comique. Débordant d'énergie, le lutin sauta avec agilité sur l'épaule du vieillard pour lui parler à l'oreille :

– Je te parle au nom de tous les lutins des bois qui admirent ton courage. Chaque jour et depuis de nombreuses années, tu entretiens notre forêt avec amour ; tes coups de serpe sont de véritables caresses ; tu as sauvé tant d'arbres de l'asphyxie du lierre que je ne saurais même plus les compter... Nous souhaiterions t'en remercier de tout cœur. Tu as fait notre bonheur, alors nous ferons le tien. Accepte cette bourse de cent ducats ! Ainsi, toi et ta femme, vous pourrez manger à votre faim. Et désormais, je t'aiderai et te soutiendrai tel qu'un fils doit le faire avec son vieux père.

L'étrange petit bienfaiteur mit la bourse dans la main du vieillard et disparut dans le feuillage de l'arbre. Le vieillard ne s'était pas senti aussi léger depuis bien longtemps. Il s'empressa de ramasser son tas de branches, le posa sur son dos courbé et rentra à la maison. Comme il préférait ne rien dire à sa femme – il craignait qu'elle ne dépensât tout l'argent en une seule fois tant elle en avait besoin –, il cacha le sac de pièces sous un tas d'algues sèches, juste à côté de leur bicoque en haut de la falaise !

Le lendemain matin, le vieillard reprit le chemin des bois comme si de rien n'était. Le soir, toujours comme si de rien n'était, il rentra chez lui. Mais cette fois, lorsqu'il poussa la porte de la vieille bicoque, devant la scène qui s'offrit alors à ses yeux, il s'arrêta net sur le seuil : sa femme l'attendait debout à côté d'une table joliment dressée ! Une nappe d'une blancheur éclatante en recouvrait le plateau usé. Et un bon plat d'aubergines farcies remplaçait l'habituelle petite boule de pain noir.

– Par quel miracle as-tu réussi à te procurer ces belles et bonnes choses ? lui demanda-t-il, déjà inquiet.

– Il m'a suffi d'un rien, répondit la femme, fière de son affaire. J'ai vendu le tas d'algues sèches au paysan d'à côté qui voulait en faire de l'engrais. Il m'en a donné un bon prix !

– Malheureuse ! gémit le vieux. J'y avais caché cent ducats !

Le lendemain matin, le vieillard reprit péniblement le chemin des bois. Il se mit au travail sans avoir le cœur à l'ouvrage. Dès que le lutin entendit le bruit caressant de la serpe dans le feuillage, il sortit de sa cachette et s'empressa de réconforter le vieillard en peine :

– Ne me dis rien car je sais tout ! lui dit-il.

Le vieillard hocha tristement la tête en guise de réponse.

– Surtout, ajouta le lutin, ne lui en veux pas trop, elle a cru bien faire ! Je vais te redonner cent ducats pour remplacer ceux que tu as perdus. Cet argent, en vérité, est bien peu de chose à côté de ce que tu as fait pour notre forêt !

Avant de disparaître, le lutin lui tendit la même bourse de cuir que la veille. Cette fois, le vieillard cacha le sac de pièces sous un tas de sable, juste derrière la bicoque en haut de la falaise. Malheureusement, le jour suivant, sa femme vendit le sable au maçon du village pour acheter de la viande. Elle voulait cuisiner un plat de lasagnes. La pauvre vieille avait encore cru bien faire ! À son retour, le vieillard comprit aussitôt ce qui s'était passé pendant son absence. Désespéré, il fut incapable d'avaler une seule bouchée des délicieuses pâtes à la sauce tomate et alla se coucher le ventre vide.

Le troisième jour, le vieillard eut du mal à se lever. Il réussit tant bien que mal à contenir sa peine et quitta la maison le cœur serré, en traînant ses vieux godillots fatigués de marcher. Son chagrin éclata brusquement à l'orée des bois. Ses pleurs résonnèrent dans la forêt qui en fut bouleversée. Les oiseaux cessèrent de chanter, les arbres de frémir et le vent chagriné partit souffler ailleurs.

– Si tu faisais moins de cachotteries à ta femme, tu aurais certainement moins de soucis, dit de sa petite voix le lutin qui s'était empressé de le rejoindre. Cette fois, je ne te donnerai pas d'argent. Prends ces quatre-vingt-quatre grenouilles et va les vendre au marché du village. N'en perds pas une car il faut que tu les vendes toutes ! Avec l'argent que tu auras gagné, achète le plus gros poisson que tu trouveras et ensuite, rentre chez toi. Et surtout, prends bien soin du poisson !

Le vieillard sécha ses larmes et fit exactement ce que le gentil lutin lui avait dit de faire. Il vendit les grenouilles, acheta un énorme poisson qui mesurait un bon mètre de long et regagna sa petite bicoque en haut de la falaise. Il posa l'animal sur la table, ne sachant s'il pouvait le manger ou non.

À la nuit tombée, il s'aperçut que l'animal était devenu luisant, presque jaune fluorescent. Plus la nuit épaississait et plus l'étrange poisson gagnait en éclat. Il diffusa bientôt une lumière si puissante que la maison fut éclairée du haut en bas. Le vieillard s'émerveilla d'un tel prodige mais sa femme prit peur. Elle inventa un prétexte pour se débarrasser de l'animal.

– L'odeur de ton poisson m'empêche de dormir ! dit-elle en ronchonnant. Et pourquoi tu ne veux pas qu'on le mange ?

– Écoute, sois un peu patiente, je saurai demain ce qu'il faut qu'on en fasse !

– Eh bien, en attendant, sors-le dehors ! C'est une infection !

Le vieillard se leva, prit le poisson luisant avec mille précautions et sortit de la bicoque.

Son lutin de fils lui avait demandé d'en prendre bien soin ! Il l'accrocha suffisamment haut, au-dessus d'une fenêtre, pour l'aérer au vent frais, puis se dépêcha de rentrer car la noirceur de la nuit était impressionnante.

C'était une sale nuit de tempête, une nuit sans étoiles. Le vent hurlait à la mort et un frisson d'angoisse parcourut l'échine du vieillard. Il claqua la porte et courut se remettre au lit, bien au chaud sous les couvertures.

Pendant ce temps, au large de la falaise, non loin de la bicoque des pauvres vieux, trois pêcheurs cherchaient désespérément depuis plus d'une heure l'entrée du port. La mer déchaînée secouait leur barque avec une violence incroyable. Les trois hommes commençaient à perdre courage quand ils virent soudain un halo lumineux surgir de l'obscurité. Rassemblant leurs dernières forces, ils ramèrent vigoureusement dans sa direction. Et après une lutte acharnée contre les vagues, ils atteignirent la côte familière et retrouvèrent l'entrée du port. Sans le savoir, le bon vieillard et le poisson venaient de leur sauver la vie !

Depuis ce jour bénit, les gens de la mer lui demandèrent d'accrocher en permanence le poisson luisant au-dessus de sa fenêtre. En échange de ce service inestimable, ils lui offraient la moitié de leur pêche quotidienne.

Le vieillard ne connut plus la faim ni la misère. Et sa femme non plus ! Chaque fois qu'ils avaient besoin d'un nouveau service, le gentil lutin leur venait en aide. Ainsi dit l'histoire qui raconte qu'autrefois le phare fut poisson !

Souvent, les soirs de tempête, tout en accrochant le poisson luisant à sa fenêtre, le vieil homme pensait à ses trois fils que la mer lui avait volés :

« Jamais plus, se jurait-il avec un pincement au cœur, cette ogresse ne prendra la vie d'un enfant du pays ! »

VII

AMAR LE PÊCHEUR DÉSOBÉISSANT

UN PÊCHEUR ET SA FEMME vivaient au bord d'une crique, au milieu d'une joyeuse pagaille de mailles et d'hameçons. Leur maison blanche se cachait derrière un inextricable labyrinthe de filets qui, accrochés sur des cordes tendues, se balançaient doucement au gré du vent. Les fenêtres de la petite habitation étaient toutes fermées par de grands volets en bois pour empêcher la chaleur de pénétrer. À cette époque en Syrie, les gens de la côte vivaient au rythme du soleil : lever tôt à la fraîche et sieste au zénith !

Le pêcheur répétait les mêmes gestes simples et harmonieux depuis plus de quarante ans et il vieillissait l'esprit tranquille, car il savait qu'un jour son fils prendrait sa succession. Amar était un garçon doux et toujours prêt à contenter ses parents.

Le jour de ses quinze ans, son père décida qu'il était temps de lui apprendre le métier.

Au lever du soleil, il l'emmena en mer pour la première fois. Mais à peine la barque fut-elle lancée qu'Amar ne fut plus le même. Lui, si sage d'habitude, n'en fit plus qu'à sa tête : il était devenu désobéissant. Il refusa de rentrer pour la sieste de l'après-midi et ne voulut toujours rien entendre, même à la nuit tombée. La mer l'avait envoûté !

Le lendemain, cette étrange attraction fut plus puissante encore. Et désormais, chaque jour, il en fut ainsi. Amar était tout entier absorbé par le rythme des flots et le reflet du grand miroir bleu aux éclats dorés. Il n'écoutait même plus les conseils de son père qui se perdaient dans le silence de l'immensité :

– Mon fils, si un jour la mer ne te donne rien après quatre prières, ne jette pas ton filet une cinquième fois. Rentre chez toi et attends le lendemain. Sache que tu ne dois jamais solliciter la générosité des eaux à plus de quatre reprises. Au-delà, tu serais indélicat. Amar, il ne faut pas contrarier la mer !

– Mon fils, si un jour les vagues moutonnent subitement, sache que la mer t'annonce l'arrivée d'une tempête. Alors, rentre chez toi et guette le retour du beau temps. Ne cherche pas d'autres explications aux crêtes écumantes. N'oublie pas, Amar, il ne faut jamais contredire la mer !

– Mon fils, si les vents tournent brusquement et qu'ils t'apportent des embruns d'Orient, sache que la mer te prévient de la venue d'un ouragan. Alors, rentre vite chez toi pour attendre l'accalmie. Amar, écoute-moi un peu, ajoutait-il désespéré quand il voyait son fils rêvasser. Et surtout, promets-moi de ne pas désobéir aux ordres de la mer ! Si tu sais écouter ses avertissements, elle te sera toujours charitable et prévenante. Sinon, un jour ou l'autre, tu devras affronter sa colère !

Mais Amar n'entendait pas. Et quels que fussent la couleur des vagues, la direction des vents ou le parfum des embruns, Amar poussait toujours son père à rester le plus longtemps possible sur l'eau. Heureusement, la mer comprit dès le premier jour que le jeune garçon était tombé sous son charme, victime de ses attraits. Bien des marins avant lui en avaient perdu la raison !

Aussi fit-elle preuve d'indulgence pour la grande désobéissance du jeune Amar. Elle laissa faire le garçon, persuadée que le temps l'assagirait.

Quelques années passèrent et arriva le jour où le père décida de prendre sa retraite.

– Amar, mon fils, je suis maintenant trop vieux pour t'accompagner. Avant de mourir, j'aimerais te voir marié. Crois-moi, la pêche est un rude métier et tu auras besoin du soutien d'une tendre épouse. Amar, écoute-moi et, pour une fois, ne me désobéis pas !

Et c'est ainsi que chaque vendredi, jour du repos, le père et la mère invitèrent à leur table une jeune fille de la région. Mais aucune ne trouva grâce aux yeux d'Amar. La première avait le teint trop terne : Amar voulait une femme éblouissante à la peau irisée de reflets dorés ! La deuxième était trop fade : Amar voulait une femme au parfum musqué et salé ! La troisième était trop raide, droite comme une baguette : Amar voulait une femme au corps souple et ondulant ! Le défilé des prétendantes continua pendant des mois et, lassé par ces rencontres forcées, Amar décida de passer ses vendredis en mer. Quelques années plus tard, lorsque ses parents moururent, l'esprit chagrin et le cœur brisé,

Amar le désobéissant ne s'était toujours pas marié.

Un matin comme chaque jour, Amar le célibataire partit jeter ses filets. Il choisit un coin aux eaux poissonneuses, lança son grand piège de mailles crochetées et attendit patiemment que celui-ci fût bien descendu au fond de l'eau pour le remonter. Mais le filet était si lourd qu'il ne réussit pas à le soulever. Il accrocha solidement son extrémité à la barque et plongea pour le dégager. Après quelques minutes d'effort, il parvint à le hisser et s'empressa d'ôter les algues qui dissimulaient le mystérieux butin. C'était une charogne de cheval ! Amar, dégoûté, jeta la carcasse et relança son filet à la mer.

Il attendit à nouveau qu'il fût bien descendu avant de le remonter. Le filet lui résista encore davantage et, cette fois, Amar s'imagina avoir capturé un gros poisson. Mais ce n'était qu'une jarre remplie de vase nauséabonde. Troublé, il démêla nerveusement le filet avant de solliciter la mer qui, cette fois encore, ne lui offrit que dix grosses pierres et quelques tessons de verre !

« Eh bien, se dit-il vexé, si la mer me refuse son poisson, je l'obtiendrai par la ruse ! »

Il arrangea son filet du mieux qu'il put avant de le lancer et dit d'une voix mielleuse en s'adressant à l'immensité :

– Tu sais que je ne peux jeter mes filets dans tes eaux plus de quatre fois par jour et je n'irai pas au-delà. Il me reste une seule tentative. S'il te plaît, sois-moi favorable ! Si tu me donnes ne serait-ce qu'un petit poisson, je promets alors de ne plus jamais te désobéir !

Amar attendit quelques secondes, le cœur battant. Puis il remonta lentement, tout en gardant les yeux fermés, le filet qui lui sembla étrangement léger. Quand il eut tiré la dernière brassée du filet, il ouvrit les yeux et vit que ses mailles ne bougeaient pas. Fou de rage, il le fouilla dans ses moindres recoins pour finalement découvrir un minuscule poisson. Il le mit dans le creux de sa main. La prise était ridicule :

« La mer se moque de moi, se dit-il, elle a certainement compris que je voulais la tromper ! »

C'est alors que le poisson lui fit un clin d'œil et dit d'une voix ironique :

– Amar, c'est la mer qui m'envoie vérifier si tu es capable de tenir ta promesse. Amar, c'est très facile : la mer te demande simplement de me relâcher. Si tu obéis, elle exaucera ton plus cher souhait. Sinon, elle te maudira à jamais.

Amar était pris au piège ! Il fut tenté quelques secondes de garder le poisson pour le jeter vivant dans la friture mais il céda et le remit à l'eau à contrecœur. Il n'avait plus qu'une seule idée en tête : rentrer au port et aller se coucher !

Lorsqu'il arriva devant chez lui, il vit que sa maison était éclairée. Intrigué, il poussa la porte et fut aussitôt saisi par un fumet alléchant qui vint lui chatouiller les trous de nez. Il entra et découvrit alors qu'une ravissante inconnue s'était installée chez lui. Et la belle l'accueillit d'une voix chaleureuse comme s'ils se connaissaient depuis une éternité :

– Bonsoir, Amar, je t'attendais pour dîner. J'espère que tu as fait bonne pêche !

Elle était trait pour trait celle dont il rêvait depuis des années : une femme éblouissante à la peau irisée de reflets dorés, au parfum musqué et aux hanches frétillantes. L'ondulation de sa longue chevelure défaite évoquait le mouvement des vagues. Amar la dévisagea et se perdit aussitôt dans l'immensité de ses grands yeux bleus. Son cœur s'y noya comme dans un lac rempli d'amour. Enfin, son souhait le plus cher avait été exaucé : rencontrer une femme qui ressemblait à la mer !

La maison était rangée et la table dressée. Amar s'assit et savoura son repas sans quitter des yeux, une seule seconde, cette créature de rêve. Le lendemain, elle était toujours là quand il revint de la pêche et le surlendemain également. Elle s'appelait Bahira[1].

Une nouvelle vie commençait pour Amar. Il demanda à Bahira de l'épouser. Celle-ci n'émit qu'une seule condition au mariage : qu'Amar ne la regardât jamais prendre son bain. Amar accepta sans difficulté cette restriction qu'il interpréta comme une coquetterie de jeune fille.

La mer se montra à nouveau généreuse pour le jeune pêcheur. Le couple nageait dans le bonheur. Amar partait tôt le matin, heureux de retrouver la belle immensité des flots. Le soir, il rentrait sans s'attarder, encore plus heureux de retrouver Bahira et ses yeux bleus.

Un matin pour la millième fois, Amar ouvrit la grande armoire de bois qui renfermait son linge. Il prit une chemise propre et vit, comme chaque matin, le petit coffre bleu que Bahira avait rangé dans l'armoire. Mais pour la première fois, Amar se demanda ce qu'il pouvait bien contenir. Il interrogea gentiment sa femme. Celle-ci lui répondit, l'air détaché, qu'elle ne savait plus

1. Bahira : de *al bahir,* qui veut dire « la mer » en arabe.

très bien ce qu'il contenait puisqu'elle ne l'avait pas ouvert depuis plusieurs années.

– Sans doute quelques pièces de linge limé et défraîchi que j'ai conservées en souvenir de ma mère, ajouta-t-elle.

Et Amar, satisfait de la réponse, ne prêta plus attention au petit coffre bleu.

Quelque temps plus tard, en ouvrant l'armoire, Amar fut intrigué par la couleur du coffre. On eût dit que la peinture autour des serrures et de la poignée s'était usée comme si quelqu'un avait régulièrement manipulé le couvercle du coffre. Amar, amusé, dit à sa femme :

– Ah, tu n'as pas pu t'empêcher de vérifier ce que contenait ce petit coffre ! Alors ? Raconte-moi !

– Mais pas du tout ! rétorqua Bahira énervée. Je t'ai déjà dit l'autre jour que je ne l'avais pas ouvert depuis des années. De toute façon, je vais m'en débarrasser. Ce vieux coffre prend trop de place dans l'armoire.

Amar fut étonné par la réaction de sa femme. Mais il n'osa insister de peur de l'ennuyer. Il partit pêcher en mer comme d'habitude.

Le lendemain matin en poussant les portes de l'armoire, il s'aperçut que le petit coffre bleu avait disparu. Bahira avait dû le jeter. Et la vie reprit son cours tranquille.

L'hiver arriva et Amar mit sa barque au sec pour la remettre en état. En cherchant sa caisse à outils au fond de l'appentis, il fut surpris de découvrir le fameux petit coffre bleu caché sous son établi. Cette trouvaille le mit mal à l'aise. Pourquoi donc sa femme lui cachait-elle ce coffre ? Il se résolut à l'ouvrir et glissa une petite tige de métal dans le trou de serrure. Il la tourna avec précaution jusqu'à ce que le mécanisme cédât. Le couvercle s'ouvrit et Amar le souleva d'une main tremblante.

Soulagé, il ne put s'empêcher de rire en voyant ce que le coffre contenait : une éponge de mer, une pierre ponce, une brosse à récurer, un savon vert aux algues grasses, des sels de bain et une branche de corail sur laquelle étaient noués de jolis rubans à cheveux. Bahira, qui ne voulait pas qu'Amar la regardât prendre son bain, cachait aussi ses effets de toilette ! Cette coquetterie excessive amusa Amar. Il en conclut que sa femme voulait absolument garder le secret de sa beauté et s'abstint par délicatesse de lui parler de sa découverte. Pourtant, le soir au lit, il ne put s'empêcher de la taquiner :

– Dis donc, Bahira, n'utiliserais-tu pas un savon

magique pour avoir de si beaux reflets dorés sur la peau ?

– Pas du tout ! répondit-elle en faisant la coquette. C'est mon teint naturel !

Et Amar s'endormit heureux de sa plaisanterie. Le lendemain, en se glissant au lit, il recommença :

– Dis donc, Bahira, quel est ce merveilleux parfum au caractère salé qui te donne une odeur si musquée ?

– Mais, Amar, je n'ai jamais mis de parfum de ma vie !

Et chaque soir, Amar lançait une nouvelle plaisanterie. Il ne comprenait pas pourquoi sa femme s'entêtait à lui mentir.

Le septième soir, Bahira se fâcha. Elle lui demanda de cesser de l'importuner et finit même par le menacer :

– Amar, ne sois pas aussi curieux ou bien il t'en coûtera !

Amar s'endormit sans insister. Mais les jours suivants, la réaction de Bahira commença à le turlupiner et devint même une obsession. Il voulut savoir pourquoi elle lui mentait.

Un matin, au lieu de prendre le chemin du port, Amar se cacha au fond de l'appentis et attendit. À neuf heures, il vit sa femme se diriger vers l'établi, prendre le petit coffre bleu puis s'enfermer dans la salle de bains. Amar tint sa promesse, il ne la regarda pas faire sa toilette. Une heure plus tard, Bahira sortit toute frétillante, la peau dorée et le corps divinement parfumé. Elle remit le coffre à sa place sous l'établi avant de retourner vaquer à ses occupations habituelles.

Amar résista à la tentation pendant une semaine. Mais le huitième jour, n'y tenant plus, il se cacha à nouveau et creusa une petite fissure dans le mur de la salle de bains. À neuf heures précises, Bahira s'enferma avec le coffre bleu. Amar colla son œil contre la fissure. Bahira se déshabilla et Amar vit ce qu'il ne devait pas voir.

La femme de ses rêves aux yeux bleus aussi profonds que l'immensité, à la peau dorée et au corps ondulant était une affreuse sirène. Elle avait une queue de poisson à la place de ses longues jambes effilées. De vilaines écailles noires lui recouvraient entièrement le bas des reins. Et sa peau blanchâtre marbrée de vert était rugueuse et boursouflée.

Amar s'étouffa pour ne pas crier. Il resta l'œil collé, complètement paralysé : Bahira la sirène frottait ses écailles avec la brosse et les limait avec la pierre ponce ; puis elle fit mousser le savon vert aux algues grasses et s'en passa sur tout le corps avec son éponge de mer. Aussitôt, sa peau retrouva son aspect lustré et ses reflets dorés. Elle prit ensuite la branche de corail dans le coffre bleu, en cassa un petit morceau et le réduisit en fine poussière dont elle saupoudra sa queue de poisson. La transformation fut instantanée et Bahira retrouva ses deux jambes effilées. Après y avoir mis quelques grains de sels, elle plongea dans la baignoire. Et quand elle en sortit, son corps dégageait un nuage de musc ambré. Le pauvre Amar, terrorisé, s'enfuit en prenant ses jambes à son cou.

Il rentra pourtant le soir à la même heure que d'habitude et retrouva la Bahira de ses rêves. Mais il ne réussit pas à vaincre son sentiment de dégoût. Bahira le sentit et comprit aussitôt qu'Amar lui avait désobéi. Elle lui dit tristement :

– Mon pauvre Amar, je vis sur terre avec toi depuis bientôt cinq années pour réaliser le plus cher de tes souhaits : épouser une femme qui ressemble trait pour trait à la mer. Je t'ai aimé dès le premier jour. Nous étions faits l'un pour l'autre. Mais ta désobéissance vient de gâcher notre bonheur car, jamais plus, tu ne m'aimeras comme avant. Adieu Amar, la mer m'appelle.

DEMOISELLE

VIII

Les Sorcières de la mer

Toinou n'était pas un pêcheur ordinaire. Il entretenait une relation particulière et peu ordinaire avec sa barque, qu'il considérait comme un membre de sa famille. Il l'avait fabriquée de ses propres mains et l'aimait aussi tendrement qu'un père peut aimer sa fille. Depuis qu'il l'avait mise à l'eau, Toinou n'avait jamais trouvé le temps de s'ennuyer. Cela faisait maintenant dix ans que les deux amis ne s'étaient plus quittés !

Demoiselle était la plus gentille barque de Provence

et l'élégance de sa longue coque jaune et bleu suscitait bien des jalousies ! Deux grands yeux peints[1] sur sa proue élancée lui donnaient une apparence troublante, presque humaine, et son regard expressif avait l'air de dire : « Si vous êtes malintentionnés, alors poursuivez votre chemin et laissez mon Toinou tranquille ou bien il vous en cuira ! »

Devant une telle mise en demeure, les mauvais esprits du vent, des vagues et des récifs n'en menaient pas large. Ils n'osaient pas s'attaquer à *Demoiselle* et Toinou ne prit jamais un seul sarran[2] dans ses filets !

Les deux inséparables partaient chaque jour en mer. De retour au port, Toinou s'occupait de *Demoiselle* : il la lavait, briquait son petit pont avant, démêlait patiemment ses palangres[3], et finissait toujours par lui faire de jolis nœuds au bout des amarres.

---

1. Les pêcheurs méditerranéens ne peignent pas des yeux à l'avant de leurs bateaux par simple souci décoratif. Ces yeux sont là pour voir ce que les humains ne savent pas discerner et permettent ainsi d'éviter les problèmes en mer et de conjurer le mauvais sort !

2. Sarran ou serran : poisson des côtes rocheuses, voisin du mérou. Les pêcheurs provençaux prétendent que prendre un sarran dans son filet porte malheur car ce poisson est la « malédiction de la mer ».

3. Palangre : corde le long de laquelle sont fixés des hameçons, d'où l'expression « pêcher à la palangre ».

La seule pensée qu'un malheur pût arriver à *Demoiselle* lui donnait des sueurs froides. Aussi l'attachait-il avec précaution, le soir en la quittant. Il l'orientait toujours de la même façon : l'avant effilé vers la mer et l'arrière plus trapu face à la terre.

Un beau matin, Toinou eut un coup au cœur en arrivant au port : *Demoiselle* était amarrée à l'envers.

« J'aurais pourtant juré l'avoir attachée convenablement ! se dit-il. Mon p'tit Toinou, tu perds la boule ! »

En bon père consciencieux, il se reprocha énergiquement sa négligence et redoubla d'égards envers *Demoiselle*. Mais le lendemain matin, Toinou la trouva encore amarrée dans une position différente.

« Ça y est, se dit-il inquiet, cela devait bien arriver un jour ou l'autre ! *Demoiselle* a la bougeotte ; elle fugue comme une adolescente. À son âge, on a envie de voir du pays et moi, je ne lui offre que le train-train côtier ! Je ne la rends plus heureuse ! »

Toinou fit un effort pour cacher son émotion. Puis il lui parla le plus doucement possible :

– Quelque chose ne va pas, *Demoiselle* ? Tes amarres sont trop serrées ? Elles te coupent ? Je ne te lave pas assez bien ? *Demoiselle*, si j'ai eu un geste blessant à ton égard, dis-le-moi et je m'en excuserai immédiatement !

Demoiselle resta muette. Toinou se sentit envahi par la tristesse. Il la regarda dans les yeux, longuement, langoureusement. *Demoiselle* se mit à trembler. Elle tangua vigoureusement. L'eau de mer ruisselait sur sa proue en noyant de larmes salées ses jolis yeux peints. Elle émit alors un son étrange. On eût dit qu'elle mugissait comme une corne de brume. Toinou la caressa pour la calmer et colla son oreille sur le nez pointu de sa proue effilée.

– Ce n'est pas toi la responsable ? répéta-t-il quand *Demoiselle* eut terminé son discours. Écoute, ma belle, je ne veux pas de malentendu entre nous ! Je ne suis pas sûr d'avoir bien compris. Aurais-tu la gentillesse de répéter ?

Et *Demoiselle* se remit à tanguer en mugissant. Toinou avait bel et bien compris.

– Mais si ce n'est pas toi, alors qui est-ce ? lui demanda-t-il en s'échauffant. Qui se permet de te réveiller et de te détacher ainsi en pleine nuit ? Et pour aller où ? Réponds-moi, *Demoiselle* ! Dis-moi qui est le coupable, que j'aille immédiatement tirer les oreilles de ce malotru !

Mais *Demoiselle* ne voulut pas en dire plus.

Le lendemain matin, le manège recommença, puis le surlendemain et ainsi de suite. Tous les matins, sans exception, Toinou retrouvait sa barque dans une position différente. Chaque fois, *Demoiselle* restait sourde à ses questions. Il avait pourtant tout essayé : la douceur, la gentillesse, le chantage et même l'indifférence, mais rien ne parvint à la faire parler. Toinou décida de se confier à sa femme. D'abord étonnée, Anaïs l'écouta avec un intérêt grandissant au fil de son récit. L'histoire de Toinou ne sembla pas l'inquiéter outre mesure.

– Écoute, Toinou, lui répondit-elle un peu moqueuse, tu dois avoir la berlue ! *Demoiselle* ne peut pas se détacher seule. C'est seulement un pêcheur jaloux de *Demoiselle* qui la déplace, uniquement pour te jouer un mauvais tour.

– Sûrement pas, Anaïs ! Le voleur la détache pour naviguer et en plus très loin, paraît-il !

– Mais qui te l'a dit ?

– *Demoiselle* !

– Parce qu'en plus, ta barque te parle ?

– Elle ne parle pas, *la Demoiselle bramo*[1] !

– De mieux en mieux, mon Toinou ! Écoute-moi, je vais te donner trois conseils : premièrement, de manger ta soupe au pistou avant qu'elle ne soit complètement

1. « La *Demoiselle* mugit », en provençal.

froide ; deuxièmement, de prendre une bonne tisane pour aller te coucher ; et troisièmement, de ne raconter cette histoire à personne si tu ne veux pas passer pour un dingo !

– Anaïs, je te jure...

– Mais si tu en es si sûr, fais-la garder et n'en parlons plus !

– Anaïs, tu sais très bien que nous n'avons pas de chien !

– Eh bien, prends le chat ! Il miaulera si quelqu'un essaye de te la voler !

Toinou suivit le conseil d'Anaïs. Le soir même, il mit son chat dans la barque et se cacha sous le ponton en s'accrochant à l'un des piliers. Minuit sonnait quand il entendit de légers bruits de pas au-dessus de sa tête. Il se hissa un peu plus haut et vit sept silhouettes encapuchonnées qui marchaient à la queue leu leu. La première de l'équipée guidait les autres avec une lanterne. Elle les fit monter à bord de *Demoiselle* et, à la grande surprise de Toinou, le chat ne broncha pas. Il se frotta sur les jambes des mystérieuses voleuses en ronronnant de plaisir. Celle qui semblait être la cheftaine le prit dans ses bras et le déposa sur le ponton.

– Attends-moi là, mon petit chat, lui dit-elle. Je ne peux pas t'emmener avec nous !

Mais le chat, vexé, se mit à miauler tant et tant que la cheftaine s'énerva. D'un claquement de doigts, elle paralysa l'animal sous les yeux effarés de Toinou, toujours tapi sous le ponton. Le pauvre chat resta figé, la gueule ouverte et la patte en l'air !

« Mon Dieu, mon Dieu, se dit Toinou, cette femme a le pouvoir d'enlever le pas[1]. Elle est possédée par le Malin car seul le diable peut transmettre un tel pouvoir aux humains. C'est une *masco*[2] et toutes ses copines aussi ! Et en plus, sa voix ne m'est pas complètement étrangère ! » conclut-il mal à l'aise.

Les cris des sorcières le tirèrent brusquement de sa réflexion.

– Pars pour une ! lança la cheftaine.

Et toutes reprirent en chœur :

– Pars pour deux, pars pour trois, pars pour quatre, pars pour cinq, pars pour six, pars pour sept !

---

1. Pouvoir d'enlever le pas : pouvoir attribué aux sorcières provençales par lequel elles empêchaient les hommes ou les animaux de marcher. Pour s'en préserver, il fallait porter un vêtement à l'envers.

2. *Masco* : « sorcière » en provençal. On croyait autrefois que les personnes possédées par le démon avaient le pouvoir de jeter des sortilèges sur les hommes, les animaux et même les objets. On les accusait de sorcellerie et on disait qu'elles étaient « emmasquées » par le diable.

Et à sept, plus rapide qu'une fusée, *Demoiselle* fila en direction de la pleine mer !

– Ça alors ! lâcha Toinou médusé. Au moins, je sais maintenant pourquoi *Demoiselle* est mouillée à l'envers le matin. Mais je voudrais bien savoir où se rend cette équipée de sorcières. Et dussé-je me retrouver nez à nez avec Satan, j'en aurai le cœur net !

Le lendemain soir, Toinou se cacha sous un tas de filets dans le fond de sa barque. Au douzième coup de minuit, les sept femmes montèrent à bord et s'installèrent sur les bancs de traverse. Au moment de faire partir *Demoiselle*, la cheftaine se plaignit auprès de ses compagnes :

– Ça sent le parfum, ici ! Vous ne trouvez pas, les filles ? Méfions-nous un peu, des fois que quelqu'un rôderait dans les parages !

– Tu es trop nerveuse, Biquette, répondit l'une d'elles. Lance donc la formule afin que nous puissions décoller sans tarder.

Les sept sorcières recommencèrent alors le même manège que la veille.

– Pars pour une ! dit la cheftaine.

Et toutes reprirent en chœur jusqu'à sept, mais cette fois-ci *Demoiselle* ne bougea pas d'un centimètre !

Toinou crut sa dernière heure arrivée. Les sorcières allaient certainement le découvrir d'un instant à l'autre ! C'est alors qu'une des femmes dit en riant :

– Je comprends maintenant pourquoi Biquette est si nerveuse. Cette coquine est enceinte et ne voulait pas qu'on le sache !

– T'es vraiment une imbécile, Choupette ! rétorqua la cheftaine.

– Eh bien, c'est ce que nous allons voir ! répliqua Choupette vexée, en tapant du pied. Et pars pour huit ! hurla-t-elle aussitôt.

Demoiselle s'exécuta et fila sur l'eau à une vitesse surnaturelle. Quelques minutes plus tard, la barque s'immobilisa. Toinou entendit les sorcières descendre. Il attendit qu'elles se fussent éloignées pour sortir de sa cachette. La chaleur de l'air le surprit. Et apercevant des pyramides au loin, il comprit qu'il était en Égypte.

« Mon Dieu, mon Dieu ! se dit Toinou qui allait de surprise en surprise. Si ces femmes sont capables de traverser la Méditerranée en quelques minutes, leurs pouvoirs doivent être redoutables ! »

Malgré son appréhension, il suivit le chemin qu'avaient emprunté les sept sorcières et les retrouva dans le jardin d'un grand palais. Elles dansaient avec d'élégants cavaliers et avaient l'air de bien s'amuser. Les chipies venaient au chaud pour faire la java, la fête, la ribouldingue !

Histoire de se prouver qu'il ne rêvait pas, Toinou coupa un régime de dattes avant de retourner se cacher sous son tas de filets.

Un peu avant l'aube, les sept sorcières revinrent en titubant. Elles avaient dû bien boire car elles riaient comme des folles et chantaient à tue-tête :

Demoiselle revient d'Égypte.
Ses voiles sont des nattes,
Ses mâts d'or fin,
Sa coque de corail.
Et Toinou son capitaine
L'aime, l'aime !

Et prises d'un fou rire moqueur, elles prononcèrent la formule du retour en se tenant les côtes. Quelques minutes plus tard, *Demoiselle* était rentrée au port. Toinou avait enfin découvert le pot aux roses !

Le lendemain matin, il alla trouver le curé et le maire du village pour leur raconter son incroyable aventure nocturne. En voyant le régime de dattes gorgées du soleil d'Égypte, le curé proposa de prendre les choses en main :

– Il faut libérer ces pauvres emmasquées ! dit-il. Nous allons les repérer à la messe de dimanche prochain pour chasser le Malin de leurs âmes égarées. Si je sème du sel devant l'église, elles ne pourront pas rentrer car chacun sait que le sel[1] est naturellement bénit et qu'il effraye les sorcières !

Le dimanche suivant, sept femmes refusèrent effectivement de franchir le seuil de l'église. Tout se déroulait ainsi que les trois hommes l'avaient prévu – ou presque car la cheftaine de la bande, la fameuse Biquette, n'était autre qu'Anaïs, la femme de Toinou ! Choupette l'imbécile était Augustine, la sœur du maire. La troisième des sept encapuchonnées était Manon, la propre nièce du curé, et les quatre autres sorcières étaient toutes aussi des filles de bonne famille !

Le curé brûla des peaux de serpent avec des feuilles d'oranger en présence des donzelles et le Malin, écœuré, fut bien obligé de s'en aller ! Et l'affaire fut étouffée !

---

1. Les personnes qui craignaient d'être emmasquées portaient toujours sur elles un petit sachet de sel fin pour se protéger.

IX

Abd al-Rahman le gardien de Gibraltar

Quand les marins du Grand Nord entrent en mer Méditerranée, ils ne passent jamais Gibraltar[1] de nuit. Tous craignent les eaux troubles et agitées du détroit qui, selon une vieille croyance, seraient hantées par de mystérieux fantômes scandinaves. Encore récemment, des navigateurs prétendent les avoir entendus se lamenter à la tombée du jour en implorant Odin, le grand dieu des anciens Vikings.

1. Gibraltar : détroit qui se situe entre l'Espagne et le Maroc.

Seuls quelques vieux, originaires de la ville de Cordoue, se souviennent de l'histoire de ces âmes tourmentées. Ils l'ont gardée en mémoire grâce aux récits de leurs ancêtres andalous qui, eux-mêmes, tenaient cette histoire de leurs aïeux sarrasins puisque l'Espagne était sous domination arabe au moment où les faits se sont produits. C'était en l'an 844, le 20 août exactement !

À cette époque, le calife[1] de Cordoue s'appelait Abd al-Rahman II et, en tant que gardien officiel du détroit de Gibraltar, il devait surveiller nuit et jour la zone maritime entre l'Espagne et le Maroc – la porte de la Méditerranée –, en proie à d'incessantes tentatives d'invasions étrangères. Abd al-Rahman s'acquittait fort bien de sa délicate mission grâce à un don familial dont il avait hérité et qui lui facilitait grandement la tâche : il savait commander les eaux du détroit et elles lui obéissaient ! Tantôt il les déchaînait pour former un haut mur de vagues infranchissables par les bateaux ennemis ; tantôt il les transformait en mer d'huile pour laisser passer les embarcations amies.

1. Calife : titre des souverains de l'Empire musulman. Abd al-Rahman II régna en Espagne sur le royaume de Cordoue de 821 à 852.

Personne ne savait comment il s'y prenait, sauf ses amis souverains qui partageaient son secret : Hercule, un héros de l'Antiquité, avait autrefois planté à l'entrée du détroit deux gigantesques colonnes de pierre. Au sommet de l'une d'elles, un Colosse en bronze[1], le bras tendu vers l'orient avec une grosse clé à la main, indiquait aux marins l'entrée de la Méditerranée. Cette clé d'apparence anodine était à l'origine du fabuleux pouvoir d'Abd al-Rahman : il lui suffisait de la tourner délicatement dans la main de la statue pour contrôler et diriger les eaux du détroit.

Abd al-Rahman remplissait sa fonction de gardien plus par passion que par obligation et ses amis souverains, sans exception, lui vouaient une profonde admiration. N'était-il pas le champion de la défense méditerranéenne ! Ils appréciaient d'autant plus Abd al-Rahman qu'il se montrait toujours d'humeur agréable malgré le poids de ses responsabilités. Seule la sultane Tarub, la première épouse d'Abd al-Rahman, était jalouse de sa réussite. La méchante femme en conçut à son égard une haine farouche qu'elle

1. La statue brillait au soleil comme du métal précieux. Persuadé qu'elle était en or, un amiral musulman la fit détruire en 1145.

dissimulait très adroitement par son attitude excessivement attentionnée.

À l'aube du 20 août 844, Abd al-Rahman se réveilla d'excellente humeur comme à son habitude. En ouvrant les yeux, il pensa qu'il avait bien de la chance d'avoir une vie aussi agréable. Et comble du bonheur, Zyriab, le meilleur musicien de tout l'Empire musulman, venait de s'installer définitivement au palais pour honorer et chanter la splendeur de son règne ! Zyriab composait des mélodies presque surnaturelles et parfois d'une langueur si bouleversante que certains l'accusaient d'être inspiré par des génies[1], ces horribles petits démons de l'enfer. Abd al-Rahman ne croyait pas à ces sornettes. Pour lui, Zyriab ne devait son talent qu'à lui-même et à un travail acharné, un point c'est tout !

– Oui, je suis vraiment un homme comblé ! s'exclama-t-il en s'étirant d'aise dans son lit.

La première lueur du jour le tira doucement de ses rêveries. Il s'apprêtait à se lever quand son cousin, le gouverneur de Lisbonne, fit soudain irruption dans la chambre en hurlant comme un fou :

---

1. Génie : certains Méditerranéens, surtout au Maghreb, croient encore aujourd'hui à l'existence des génies.

– Cousin Abd al-Rahman ! Cousin Abd al-Rahman ! répéta le gros homme tout essoufflé. Je viens de parcourir trois cents kilomètres à cheval pour t'apporter une effroyable nouvelle !

– Allons bon ! Je suis sûr que tu t'inquiètes encore pour rien, lui répondit le calife impassible.

– Tu n'y es pas, cher cousin Abd al-Rahman, l'heure est très grave : les redoutables Vikings se dirigent vers Gibraltar en pillant la côte sur leur passage. Jamais nous n'avons affronté de pareils barbares ! Et figure-toi qu'ils veulent envahir la Méditerranée pour y soigner leur chef Hasting profondément atteint de mélancolie. Il paraît que c'est le climat humide de sa triste Scandinavie[1] natale qui l'a mis dans cet état. Son médecin lui a prescrit un séjour au soleil comme seul remède efficace contre son mal. Mais il lui a tant vanté la qualité de notre vie qu'Hasting ne veut pas se contenter d'une convalescence en Méditerranée. Il a décidé de nous voler nos trésors et de les ramener chez lui pour égayer son triste royaume de neige et de brouillard. Il veut tout nous prendre : nos oliviers, nos grenadiers, nos

1. Scandinavie : regroupe aujourd'hui le Danemark, la Suède et la Norvège qui à l'époque n'étaient pas des pays constitués.

amandiers, la terre de nos collines parfumées, les grands pins de nos rives claires, tout, tout, tout et tout ! Il compte franchir Gibraltar avec ses immenses drakkars d'un instant à l'autre. Voilà, c'est une vraie catastrophe !

Et sous l'emprise du désespoir, le gouverneur se laissa choir sur le lit du calife.

– Calme-toi, cher cousin. Ne me gâche pas cette journée qui s'annonce si belle ! Laisse-moi réfléchir !

Le calife sauta de son lit en chantonnant et se dirigea vers la fenêtre de sa chambre. Il regarda paisiblement le soleil se lever et poursuivit tranquillement :

– Je me disais justement à l'instant que j'étais un homme heureux. J'ai de la chance et je ne vois aucune raison pour que cela change !

Le calife prit alors un air mystérieux et chuchota à son cousin :

– Parlons franchement puisque tu es l'une des rares personnes à partager mon secret. Pourquoi t'inquiéter inutilement ? Tu sais très bien que les Vikings n'ont aucune chance de passer le détroit. Je vais immédiatement me rendre au sommet de la colonne d'Hercule. Quand j'aurai tourné la clé du Colosse, il faudra à peine une minute au mur de vagues pour s'élever. Alors, soit Hasting rebroussera chemin et renoncera à envahir la

Méditerranée, soit il s'écrasera avec ses maudits drakkars contre les vagues géantes. Parole de calife !

– Et si cela ne fonc-tio-nnait pas ! articula le gouverneur en insistant nerveusement sur chaque syllabe. On raconte que les Vikings sont cannibales ! Le savais-tu ?

– Tu vas vraiment finir par m'énerver, cher cousin. Les eaux de Gibraltar ont toujours obéi à mes ordres. Et aujourd'hui encore, elles m'obéiront !

Mais si Abd al-Rahman avait pu se douter que la sultane Tarub l'espionnait au même instant, il aurait peut-être été moins sûr de lui ! L'immonde vipère, l'oreille collée derrière la porte, se tortillait de plaisir en écoutant les précieuses explications de son époux. Enfin, ce cher calife venait de lui livrer le secret des gardiens de Gibraltar. Un plan machiavélique lui traversa l'esprit. Aussitôt, la traîtresse se dépêcha de mener une enquête et apprit ainsi que le chef des Vikings avait dressé un camp de fortune à quelques kilomètres de Cordoue. Elle lui envoya un message pour lui proposer un marché : le secret du mur de vagues contre le soutien des Vikings pour l'aider à éliminer le calife et à prendre le pouvoir.

Hasting, le grand géant blond à l'air mélancolique, accepta sans hésiter, tout en se promettant d'éliminer la sultane dès qu'il aurait franchi Gibraltar.

Quelques heures plus tard, le gigantesque mur de vagues s'élevait en un rempart infranchissable, bouchant tout le passage dans un fracas assourdissant. L'eau bouillonnait avec une puissance effrayante. Abd al-Rahman resta au sommet de la colonne d'Hercule pour attendre les Vikings et assister à leur débâcle. Il se réjouissait tant à l'idée du spectacle qu'il y avait convié son cousin et Zyriab, son nouvel ami musicien. Le calife, sûr de son succès, riait en distribuant des coups de coude à ses deux compagnons. C'est alors qu'il eut une terrible vision et sa bonne humeur s'évanouit d'un seul coup : les drakkars aux voiles d'un rouge flamboyant apparurent à l'horizon tels d'énormes vautours aux corps de flammes ; ils naviguaient à pleines voiles, fonçant directement vers le détroit comme si le mur de vagues n'avait pas existé !

– Quelle horreur ! quelle horreur ! hurla le cousin en gémissant. Je savais bien qu'on ne ferait pas le poids.

– Mais vas-tu te taire à la fin ! s'écria le calife. Après tout, ce ne sont que des hommes sur des bateaux !

– Certes, approuva Zyriab, sceptique, mais des bateaux monstrueux avec d'effrayants gaillards pour marins. Regardez, leurs corps brillent comme s'ils étaient taillés dans des blocs de métal. Quant à leurs drakkars, ils ressemblent plus à d'horribles dragons cracheurs de feu qu'à des navires. Il paraît que ces guerriers du Grand Nord sont si féroces qu'ils mordent leurs boucliers d'acier à pleines dents avant le combat !

Du haut de leur perchoir, les trois hommes médusés regardèrent les centaines de drakkars affaler leurs voiles et stopper leur course folle juste quelques mètres avant le mur de vagues. Abd al-Rahman ne peut s'empêcher de fanfaronner :

– Ah ! ah ! Tu vois, cher cousin, ces Nordiques sont des mauviettes. J'étais sûr qu'ils renonceraient. Mon système de protection est infaillible. Tu te laisses vraiment impressionner pour pas grand-chose !

De longues minutes s'écoulèrent pourtant sans qu'un seul drakkar fît demi-tour. La tension monta, Abd al-Rahman finit par s'inquiéter :

– Mais qu'est-ce que mijotent ces foutus Madjous[1]? s'exclama-t-il.

Les Vikings sortirent de gigantesques arcs qu'ils attachèrent à la proue d'une dizaine de navires ; puis ils chargèrent méthodiquement et en silence leurs

1. Madjous : nom arabe utilisé à l'origine pour désigner les Zoroastriens de Perse. Les Nordiques qui participèrent aux grandes incursions en Espagne furent appelés Madjous par confusion car ils brûlaient leurs morts comme les Zoroastriens !

redoutables armes et pointèrent d'immenses flèches en direction du Colosse. Soudain, une volée de projectiles s'écrasa brutalement aux pieds des trois compères. Abd al-Rahman, terrorisé, courut se réfugier dans la falaise avec Zyriab et son cousin. Les imperturbables géants blonds lancèrent alors une deuxième volée de flèches, puis une troisième et une quatrième, qui, chaque fois, se rapprochaient davantage de la main de la statue. La cinquième salve fut la bonne et la clé tomba lentement dans le vide. L'outil magique disparut dans le tumulte des flots sous les yeux effarés d'Abd al-Rahman : le mur de vagues s'effondra aussitôt et la mer redevint aussi plate qu'une galette ! Pétrifié, Abd al-Rahman eut à peine la force d'articuler trois mots :

– Quelqu'un m'a trahi !

Et il s'évanouit sous le coup de l'émotion. Son cousin et Zyriab virent Hasting brandir son épée vers le ciel en signe de victoire. À nouveau, les Vikings hissèrent leurs immenses voiles rouges : la Méditerranée, grande ouverte, allait enfin leur livrer ses fabuleux trésors !

En passant au pied de la falaise, Hasting ne put s'empêcher d'humilier ses ennemis vaincus :

– Remerciez la sultane Tarub pour moi ! cria-t-il en riant. Ah ! ah ! ah !

L'écho de son rire diabolique tira Abd al-Rahman de son état second.

– L'immonde traîtresse ! murmura-t-il au bord des larmes. Ma propre épouse m'a trahi !

– Elle ne perd rien pour attendre ! déclara Zyriab avec assurance. Enfer pour enfer, je vais appeler les démons de la mer pour qu'ils viennent à notre secours ! Bouchez-vous les oreilles ! ordonna-t-il à Abd al-Rahman et à son cousin.

Le musicien sortit une étrange flûte de sa grande tunique de soie et se mit à jouer en soufflant de toutes ses forces. Une horrible musique jaillit alors de la falaise. Elle semblait s'échapper des plus lointaines profondeurs de l'enfer. Zyriab dirigea progressivement le hurlement de son instrument de torture vers la mer qui réagit aussitôt. Des turbulences se formèrent à la surface de l'eau et, soudain, des milliers de génies émergèrent des flots. Les démons aquatiques n'étaient pas beaux à voir : ils étaient entièrement recouverts d'une peau verte à l'aspect gluant et boursouflé. Ils saluèrent Zyriab avant de se diriger sur les drakkars pour les prendre d'assaut.

– Cette histoire de génies était donc vraie ! souffla Abd al-Rahman en voyant ce spectacle digne de l'enfer.

Zyriab communiquait effectivement avec le monde infernal des démons. Le son inhumain qu'il sortit de sa flûte ensorcela Hasting et ses hommes puis les anéantit complètement. Ils criaient en se tenant la tête tant la douleur leur était insupportable. Rendus fous par la terrible musique, des dizaines de Vikings se jetèrent pardessus bord en implorant Odin de les secourir. Mais une fois tombés à l'eau, les démons les saisissaient par les pieds pour les entraîner dans leur monde des profondeurs.

Au même moment, Zyriab fit jaillir au son de sa flûte un puissant jet d'écume qui remonta la fameuse clé du Colosse à la surface. Puis, tel un bras magique, le jet grimpa le long de la colonne d'Hercule pour remettre la clé dans la main du Colosse. Abd al-Rahman sortit alors de sa cachette et courut la tourner : le fantastique mur de vagues monta en soulevant de gigantesques paquets de mer ; et sous la formidable poussée de l'eau, une onde démesurée se propagea avec une force incroyable et rejeta la flotte des Vikings vers l'Atlantique.

– Hourra ! Nous avons gagné ! cria Abd al-Rahman. Finalement, dit-il à son cousin avec malice, je savais bien que ce serait une bonne journée !

La joie au cœur, les trois amis reprirent le chemin du palais pour fêter leur victoire.

Personne ne sut ce que devint la méchante sultane Tarub, qui disparut à jamais du royaume de Cordoue. Et c'est depuis ce jour de l'an 844 que les Scandinaves appellent le détroit de Gibratar « les Eaux du Grand-Gaillard » – *Karlsar* –, en souvenir du Colosse et de sa clé maudite.

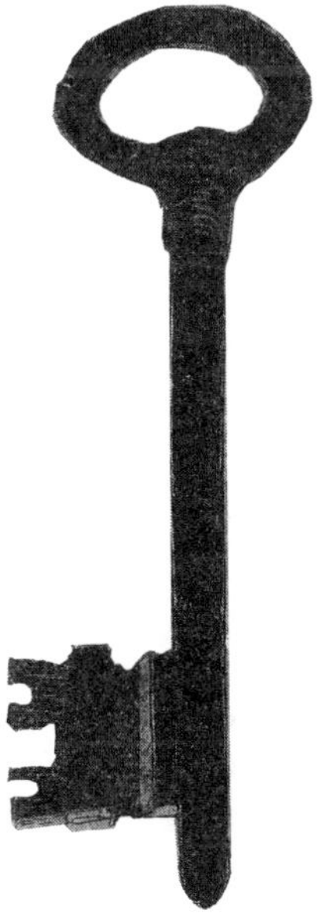

X

LE SECRET DU FABULEUX ROYAUME DES INDES

EN L'AN 1497, les rois de la Méditerranée faillirent se faire la guerre pour une histoire d'épices ! Il semble bien dérisoire et incongru, aujourd'hui, que des pays aient pu se fâcher pour de la cannelle et du gingembre. Mais à cette époque, les aromates valaient de l'or et les gens en étaient véritablement toqués. Ils en mangeaient à toutes les sauces, en fabriquaient des élixirs et des potions magiques, des onguents et des médicaments.

Depuis la fin du Moyen Âge, leurs prix atteignaient des sommes délirantes. Rien ne parvenait à arrêter le cours du poivre, si bien que des dames chics s'inspirèrent de cette folle inflation pour inventer une nouvelle expression :

– Cher-comme-le-poivre ! s'esclaffaient-elles lorsqu'elles désiraient souligner la valeur d'une marchandise.

Et si, par hasard, un passant venait à surprendre la conversation de deux de ces coquettes dans l'échoppe du tailleur, il pouvait être sûr d'entendre au moins une fois ce mot extravagant :

– Très *cherkomlepoiv* votre nouvelle robe, ma chère !

– Oh merci, ma chère ! Mais pas si *cherkomlepoiv* que votre petite culotte en velours !

Ainsi s'échangeaient les compliments, tout simplement à coups de condiments. Il est vrai que le poivre symbolisait à lui tout seul la passion des Occidentaux pour les épices : noir, gris ou blanc, il était utilisé à plus de mille fins différentes. Les gens s'en servaient pour payer leurs impôts. Les médecins le prescrivaient comme remède contre la peste et la toux, mais on racontait encore qu'il conservait la charcuterie et qu'il pouvait rendre fou d'amour !

Seulement voilà : le poivre comme la cannelle, le gingembre et toutes les autres graines aux parfums délicieux venaient du fabuleux royaume des Indes. Et personne, en Méditerranée, ne savait comment s'y rendre, sauf les commerçants arabes qui, en habiles marchands, gardaient secret le lieu de leur approvisionnement. La route qu'ils empruntaient une fois l'an était pleine d'embûches et de dangers. Il leur fallait suivre pendant de longs mois les rives de la mer Rouge jusqu'au golfe d'Aden et, de là, traverser la mer d'Oman jusqu'aux rivages indiens.

Un jour, les Vénitiens leur proposèrent un marché très avantageux pour eux : l'achat annuel de l'intégralité de leur stock d'épices à cinquante fois le prix de sa valeur mais à la seule condition d'être leur unique client occidental. L'affaire fut conclue et, dès lors, les Vénitiens eurent l'entière liberté de revendre leurs cargaisons aux États chrétiens à des prix exorbitants. Ils abusèrent de la situation ; la tension monta ; et une sale rumeur de guerre s'infiltra !

L'un des premiers à réagir fut le roi Jean du Portugal. Ce souverain réputé pour son tempérament modéré savait aussi se montrer énergique.

Un matin, lors du Conseil des ministres, il frappa un

grand coup de poing sur la table et fit un discours retentissant :

– La moutarde commence à me monter au nez ! Ces épiciers vont finir par nous ruiner. Notre or ne doit plus servir à remplir les coffres des Vénitiens. Moi, le roi Jean, j'en fais le serment. Et si par malheur, je manquais à mon engagement, alors faites-moi subir le supplice du piment ! Mais plutôt que de déclarer une stupide guerre aux Vénitiens et aux Arabes, soyons entreprenants ! Quittons la Méditerranée et partons vers l'inconnu ! Défions ces profiteurs en cherchant à commercer directement avec le royaume des Indes ! Naviguons vers le sud, et peut-être trouverons-nous dans cette direction une route nouvelle et encore inconnue qui nous conduira à la porte des délices ? Nous n'aurons même pas à chercher celle qu'empruntent les commerçants arabes. Nous aurons la nôtre !

– Hourra ! hourra ! crièrent les ministres avec une joie trop excessive pour être sincère.

En effet, le discours du roi les avait terrorisés. Ils se demandaient qui était capable de mener une expédition aussi risquée car Dieu seul sait où mène l'inconnu !

Le roi Jean avait déjà sa petite idée sur la question. Juste après le conseil ministériel, il convoqua discrètement un jeune capitaine de sa flotte royale. Ce fils de bonne famille, intègre et droit, avait la réputation de mener ses équipages fermement et de ne jamais se laisser marcher sur les pieds. C'était un homme juste, mais un homme à la poigne de fer.

– Pour vous servir, Sire ! dit Vasco de Gama en s'agenouillant devant le roi.

– Capitaine Vasco, je vais vous charger d'une haute mission. Sachez avant tout, lui expliqua le roi, que votre action nous évitera un conflit coûteux et nous rapportera sans doute quelques profits ! Vous serez notre tête chercheuse, notre nez, notre intelligence. Bref, vous serez notre guide vers le royaume des Indes. Je mesure autant que vous les dangers d'une telle expédition. Mais rassurez-vous, je ne vous envoie pas à la mort car mes arsenaux secrets de Sagres[1] ont mis au point un navire extraordinaire qui, pour la première fois de toute l'histoire de la navigation, est capable d'avancer par n'importe quel vent. Vous verrez, sa voilure d'un type nouveau lui permet de profiter de tous les souffles

---

1. Sagres : académie navale fondée en 1431 par Henri le Navigateur. Ce laboratoire secret de recherches accueillait des scientifiques étrangers qui travaillaient dans les domaines de la cartographie, de l'astronomie et des techniques de navigation.

possibles et imaginables ! Ce bateau du futur s'appelle la caravelle et, grâce à lui, vous pourrez pratiquer la navigation hauturière[1]. Fini le train-train côtier, direction la pleine mer !

Le jeune Vasco de Gama fut très impressionné par les déclarations du roi. Il se drapa noblement dans son habit sombre d'apparat et s'inclina en signe de respect. Puis, après avoir lissé sa moustache, il déclara avec grandiloquence :

– Sire, quand puis-je partir ? Mon cœur brûle déjà du désir de conquérir cette *Terra incognita* !

– Pas avant d'avoir écouté mon espion, répliqua le roi. Le duc de La Fouine est enfin rentré d'Égypte. Je l'y avais envoyé en mission secrète, il y a plus de trois ans. Et figurez-vous qu'il a réussi à s'infiltrer dans un convoi de commerçants arabes en route pour les Indes. Je pense qu'il nous livrera de précieuses informations. Il patiente dans la bibliothèque du palais. Faisons-le entrer !

Le roi Jean sonna allègrement son intendant et, quelques minutes plus tard, le duc de La Fouine arriva. Petit et rabougri, il avait le physique idéal pour passer

1. Navigation hauturière : navigation en pleine mer, au large des côtes.

inaperçu. Un tic nerveux lui secouait le corps de la tête aux pieds. Méfiant, il balada furtivement son regard avant de s'engager dans la salle. Le roi le pressa instamment de parler.

– Sire, dit le duc, figurez-vous que contrairement à ce que nous pensions, l'Afrique n'est pas une gigantesque terre sans fin[1].

– Non ? lâcha le roi Jean très étonné. Cela signifie donc que la carte du monde de Ptolémée[2] est inexacte !

– Je le crains, Sire ! Désormais, nous devons nous représenter l'Afrique comme un cœur qui baigne ses deux rondeurs en Méditerranée.

– Mais, La Fouine, ce que vous me dites là est impensable !

– Sire, c'est la réalité ! Les terres du continent africain se finissent au sud par une pointe que les populations de là-bas appellent le cap des Tempêtes. Si nous parvenons à franchir ce cap, nous déboucherons de l'autre côté

---

1. Afrique : certains Européens, adeptes de la *Géographie* de Ptolémée, croyaient que l'Afrique était un continent sans fin. Ils s'imaginaient que ses frontières allaient jusqu'à la Chine, enfermant ainsi l'océan Indien comme un lac intérieur.

2. Ptolémée : célèbre astronome de l'Antiquité qui vécut au IIe siècle après Jésus-Christ. Certaines de ses théories ont fait autorité jusqu'à la fin du XVIe siècle.

dans une très grande mer[1]. C'est de là, paraît-il, que nous pourrons naviguer avec succès vers le royaume des épices !

– Mon hypothèse se confirme ! Il est donc possible de se rendre aux Indes en passant par le sud. Cette découverte nous permettra d'éviter la navigation en Méditerranée. La belle dame est devenue infréquentable depuis qu'elle se fait courtiser par des pirates !

– Ne vous réjouissez point trop vite, Sire, car pour protéger l'accès aux riches épices, les marins arabes ont ensorcelé cette fameuse mer à la porte des Indes. Ils y font souffler un vent terrible qui fait reculer les navires étrangers...

– Oh ! fit le roi agacé.

– ... Toutefois, poursuivit le duc, il existe une manœuvre secrète qui permet d'échapper à ce souffle infernal...

– Ah ! fit le roi soulagé.

– ... Mais je ne la connais pas !

– Enfer et damnation ! Après tout, ce n'est pas si grave, mon brave duc. Nous avons suffisamment d'informations pour lancer l'expédition. Cette histoire

---

1. Il s'agit de l'océan Indien.

de mer ensorcelée ne doit être qu'un racontar, tout au plus un gros bobard pour décourager les curieux. Et si ce vent existe vraiment, la nouvelle voilure de nos caravelles en viendra à bout. À nous le poivre et la cannelle ! cria le roi tout excité.

Contrairement aux attentes du roi Jean et de Vasco, l'expédition aux Indes ne tenta guère les marins de la flotte royale. On racontait les pires atrocités sur l'Afrique et des centaines d'entre eux désertèrent. Vasco dut écumer les prisons portugaises pour recruter ses hommes.

Dix condamnés à mort furent même graciés à condition d'être du voyage. Et le jour du départ, le 8 juillet 1497, la foule s'entassa, la mort dans l'âme, sur les quais de Lisbonne pour saluer une dernière fois les caravelles. Les cloches de la ville sonnèrent le glas, et le *São Gabriel*, le *São Rafael* et le *Berrio* prirent le large vers l'inconnu.

Après cinq mois de navigation, l'expédition atteignit le fameux cap des Tempêtes[1]. Les caravelles le doublèrent malgré la mer houleuse mais, une fois arrivées

1. Cap des Tempêtes : fier de ce premier succès, Vasco rebaptisa le cap des Tempêtes en l'appelant le cap de Bonne-Espérance.

dans la fameuse mer ensorcelée, elles connurent l'enfer ! Un vent d'une violence inouïe les plaqua contre la côte. Les voiles des caravelles se révélèrent totalement inefficaces pour lutter contre sa puissance. Les indications du duc de La Fouine s'avéraient plus justes d'heure en heure !

Pourtant, Vasco ne perdit pas courage. À défaut de pouvoir traverser cette mer maudite, il décida de la remonter. Il suivit la côte qu'il supposait être le versant du continent africain. Aussi souvent qu'il le pouvait, il accostait pour questionner les populations sur le royaume des Indes et sur la manœuvre secrète dont avait parlé le duc de La Fouine. On lui répondait toujours négativement ! Il n'y avait aucune trace de poivre, nulle part. Personne ne semblait même soupçonner l'existence du royaume aux mille épices, si bien qu'après quatre mois d'errance il se résigna et décida d'abandonner.

Avant de retourner au Portugal, les caravelles entrèrent dans le port de Melindi[1] afin de renouveler les réserves d'eau. Pour la première fois depuis le début du voyage, Vasco eut la surprise d'y trouver une

1. Melindi : port situé sur la côte du Kenya.

dizaine de boutres[1] arabes. Il sentit une lueur d'espoir renaître. Mais une fois de plus, personne ne connaissait ni les Indes ni les épices. Vasco insista et montra quelques grains de poivre aux marins arabes qui les prirent pour des bonbons et les croquèrent goulûment ! Le jeune capitaine s'avoua définitivement vaincu. Il fit demander au roi de Melindi l'autorisation de rester deux nuits au port afin que ses hommes d'équipage pussent se reposer et il s'enferma dans sa cabine.

Au milieu de la nuit, le vent se déchaîna. En allant inspecter les amarres, Vasco glissa sur le pont. Intrigué, il essuya le sol avec le revers de sa main et sentit que le bois était recouvert d'une fine pellicule de poussière. Il en colla quelques grains sur le bout de ses doigts et les porta à son nez. Vasco sursauta, la poussière était parfumée ! On s'était moqué de lui, à Melindi comme ailleurs. Les hangars de la ville regorgeaient d'épices et le vent venait de lui en donner la preuve en dispersant le contenu d'un sac de cumin probablement mal fermé !

Le lendemain matin, Vasco fit comme si de rien n'était. Il sollicita une visite de courtoisie au roi de

1. Boutre : petit navire à voile dont l'arrière est relevé et l'avant très fin.

Melindi et fut introduit dans la salle à manger du palais où le souverain déjeunait avec une douzaine de convives. L'un d'eux se leva et aborda Vasco en italien. Il se présenta comme étant Ibn Majid, le grand pilote arabe, et se prétendit flatté de rencontrer un émissaire du roi du Portugal :

– Vous êtes les premiers Occidentaux à être parvenus jusqu'ici ! s'exclama-t-il, admiratif. Mais comment avez-vous fait pour lutter contre le vent ?

Vasco sentit que l'homme le narguait. Il décida de lui tendre un piège :

– La voilure exceptionnelle de nos caravelles nous a permis de suivre la côte à défaut de pouvoir traverser la mer, expliqua Vasco sur un ton mielleux. Mais si la technique navale vous intéresse, ajouta-t-il, faites-moi l'honneur de venir visiter le *São Rafael*. Nous vous ferons une démonstration de navigation.

Ibn Majid accepta et monta à bord de la caravelle en fin de journée. Vasco lui offrit un verre de porto en signe de bienvenue, puis un deuxième et un troisième et, l'air de rien, tout en discutant d'astronomie, il le fit boire jusqu'à l'ivresse. Quand Ibn Majid fut complètement soûl, Vasco se décida à quitter le port pour entreprendre la démonstration. Le vent maudit soufflait toujours, plaquant les navires contre la côte sans leur laisser la moindre possibilité de prendre le large. À quelques kilomètres au nord de Melindi, Vasco ordonna à ses équipages d'affaler les voiles sur-le-champ et de les déchirer afin de les rendre inutilisables. Les caravelles, sans résistance, furent alors brutalement poussées contre le littoral. Et pris de panique, Ibn Majid se mit à hurler :

– Mais vous êtes fous, nous allons nous fracasser sur les rochers ! Par pitié, écoutez-moi car nous n'avons plus que quelques minutes pour agir ! Hissez ce qu'il nous reste des voiles et guidez les navires entre les deux gros récifs noirs qui émergent là, droit devant. C'est par là qu'il nous faut passer pour échapper au vent !

Ibn Majid venait enfin de révéler la fameuse manœuvre secrète ! Vasco suivit exactement ses indications et, dès que les navires eurent franchi le passage magique, ils furent portés vers le large. Le vent s'était inversé. Vasco riait de joie. Il avait réussi !

Après vingt-trois jours de navigation en pleine mer, les caravelles atteignirent les côtes de Malabar sur les rivages du fabuleux royaume des Indes. Le pauvre Ibn Majid quitta le *São Rafael* tout penaud. N'avait-il pas bêtement trahi les siens à cause d'un verre de porto en trop ?

C'est ainsi que le Portugal put acheter son poivre sans passer ni par les Vénitiens ni par les Arabes et, peu à peu, les autres pays chrétiens firent de même. La découverte de Vasco entraîna progressivement la disparition du commerce des épices en Méditerranée. Ce fut la fin d'une époque prospère dans le bassin, devenu dès lors trop petit pour satisfaire les Occidentaux qui avaient soif d'immensité et de nouvelles contrées !

XI

BARBEROUSSE LE BARBARESQUE

AU XVe SIÈCLE, la Méditerranée était infestée de pirates. Le développement du commerce maritime les avait nourris grassement au cours des siècles précédents. Et depuis, ils prospéraient !

Loin d'être une affaire réservée aux petits brigands, la piraterie pouvait même être organisée et financée par des rois. Elle s'appelait alors la *course* et ses acteurs, qui s'en trouvaient du même coup miraculeusement blanchis, devenaient de nobles corsaires. Seules les méthodes de travail restaient identiques !

Indépendants ou à la solde d'un roi, tous s'affrontaient au sein de deux grands clans : les Chapeaux contre les Turbans. Les premiers étaient chrétiens et les seconds musulmans. Ni pires ni meilleurs les uns que les autres, ces éternels ennemis ne rataient jamais l'occasion de se noircir réciproquement. Sabordant et pillant au nom du Christ ou d'Allah, chacun voyait en l'autre le Sale-Pirate-Infidèle-et-Sanguinaire.

Dans la bande des Turbans, le plus célèbre s'appelait Barberousse et la seule évocation de son nom suffisait à faire trembler bien des armateurs qui craignaient pour leurs bateaux et leurs marchandises.

Originaire de l'île de Lesbos[1], le jeune pirate était très doué. Il possédait un petit « plus » que les oiseaux de son espèce n'ont que très rarement et qui s'appelle la classe. Parti de rien, il ne lui avait fallu que quelques années pour devenir chef des Barbaresques[2] et roi d'Alger. Toujours présent là où on ne l'attendait pas, il surgissait des récifs comme un diable de sa boîte. Et ses hommes maniaient si bien le sabre, le grappin et le

---

1. Lesbos est aujourd'hui une île grecque. Conquise par les Turcs en 1462, elle resta sous la domination ottomane jusqu'en 1912.

2. Barbaresques : pirates algériens, turcs et maures d'Espagne qui vivaient au Maghreb.

yatagan[1] qu'il ne leur fallait pas plus de trois minutes pour se saisir d'une galère.

C'est du port de sa blanche citadelle que Barberousse lançait sa petite douzaine de galiotes aux trousses des gros navires marchands. Il avait beau être roi, à ses débuts, il n'était pas encore bien riche et ne possédait qu'une toute petite flotte. La modestie de ses moyens ne l'empêchait pas pour autant de s'attaquer à bien plus gros que lui. Et c'était cette extraordinaire insolence, doublée d'une générosité sans pareille, que ses hommes appréciaient en lui. Barberousse était à leurs yeux une sorte de pirate justicier : il pillait les riches de préférence et partageait toujours ses prises avec la population d'Alger !

Un jour, Charles Quint – empereur de Germanie, prince des Pays-Bas, roi d'Espagne et de Sicile – se mit en tête de conquérir la Barbarie et de prendre la ville d'Alger. Non content de régner sur plus de la moitié de l'Europe, l'orgueilleux personnage désirait, en plus, devenir maître de la Méditerranée !

Barberousse, qui n'appréciait guère les vues de

1. Yatagan : sabre incurvé en deux sens opposés, qui était en usage chez les Turcs et les Arabes.

Charles Quint sur sa ville et son territoire, mit un point d'honneur à le lui faire savoir. En moins de trois mois, il fila droit sur l'Espagne avec ses petites galiotes à plus de dix reprises et, chaque fois, il infligeait de telles raclées aux galères ibères[1] que l'empereur, ridiculisé, en rougit de honte.

Son image de Chef-des-Chrétiens-d'Occident en prit un coup ! Les moqueries allèrent bon train dans les capitales d'Europe où circulait une devinette des plus gratinées :

– Quelle est la différence entre Barberousse et Charles Quint ?

– Eh bien, c'est très simple : l'un est turc alors que l'autre n'est qu'une tête de Turc !

Au comble de l'indignation et de la fureur, l'empereur nomma sur-le-champ un Amiral-de-la-Mer. Sa mission était claire : se débarrasser définitivement du fléau Barberousse. La plaisanterie avait assez duré !

L'amiral en question s'appelait Andrea Doria. Grand armateur originaire de Gênes[2], Doria était réputé pour

---

1. Ibère : qui est de l'Ibérie, ancien nom de la péninsule formée de l'Espagne et du Portugal.

2. Gênes : ville d'Italie.

ses hauts faits d'armes. Une petite barbichette lui recouvrait le menton qu'il avait très pointu et même un peu recourbé vers le nez. C'était un homme sec et osseux. Sa taille démesurément grande pour l'époque ne le flattait guère. Il avait trois têtes de plus que les autres et les pantalons de son armure n'étaient jamais assez longs pour ses jambes d'échassier. Mieux valait pourtant ne pas trop se fier au grotesque de son allure, car Doria n'avait pas la moindre once d'humour. Sous ce corps de grand échalas d'aspect comique s'abritait un homme obstiné, consciencieux, méthodique et extrêmement sérieux.

L'amiral Doria réfléchit longuement à la méthode qu'il devait adopter. Il y passa une bonne partie de l'automne, puis de l'hiver et, le printemps arrivant, il se décida pour la technique de l'*atakenforce*, le *nec plus ultra* de la finesse militaire. En effet, rien ne valait à ses yeux une bonne armada de costauds armés jusqu'aux dents pour mater une forte tête.

– Avec l'*atakenforce*, expliqua-t-il à Charles Quint, Barberousse n'a aucune chance de s'en sortir. C'est garanti à cent pour cent ! Mais au préalable, il me faut localiser la future victime.

Doria envoya donc des dizaines d'espions sillonner la Méditerranée, qui tous revinrent bredouilles après trois mois de recherches. Barberousse avait étrangement disparu de la circulation.

Alors, prêt à tous les sacrifices, Doria expédia son propre capitaine glaner des informations aux portes mêmes d'Alger. L'émissaire, qui n'était pas un professionnel de l'espionnage, réussit pourtant à kidnapper deux pêcheurs algériens qu'il ramena à Gênes. Mais Doria n'eut même pas besoin de les cuisiner car, à la surprise de tous, ils se mirent à table sans se faire prier :

– C'est tout ce que vous vouliez savoir ? Mais vous auriez dû nous le demander plus tôt. C'était vraiment pas la peine de vous donner tant de mal pour si peu. Tout le monde sait que Barberousse passe ses hivers à remettre sa flotte à neuf. Et où voulez-vous que ce soit si ce n'est à Alger ? Depuis début avril, il attend une livraison de denrées et de matériel en provenance de Cherchell[1] pour repartir vadrouiller en mer ! Et ce n'est plus qu'une question de jours car ses hommes ont besoin d'une petite remise en forme. Ils se sentent mous après l'hiver. On raconte à Alger que Barberousse compte d'abord les emmener piller un ou deux ports sur

1. Cherchell : petite ville située à l'ouest d'Alger, à l'époque, grenier à provisions des Barbaresques ; voileries, corderies et biscuiteries y travaillaient pour nourrir Barberousse et ses pirates.

les côtes espagnoles. Simples petits préliminaires ! De là, ils rejoindront la Sicile pour bricoler davantage, histoire de se dérouiller avec deux ou trois bonnes razzias[1] avant de passer aux choses sérieuses dans le courant du mois de juin. C'est pas plus compliqué que ça ! Vos amis les Chapeaux devraient être au courant car Barberousse ne change pas de programme d'une année à l'autre !

Doria fulminait. Ses espions étaient vraiment des incapables, des minables, des moins-que-rien ! En une journée, il recruta cinq mille hommes et fit gréer quarante galères à soixante rames. L'impressionnante flotte se mit en branle dès le lendemain matin et fonça droit sur Cherchell. Doria voulait y saccager les réserves des Barbaresques avant de mettre le cap sur Alger.

L'immense flotte mouilla dans une crique un peu à l'écart de la ville et les cinq mille hommes descendirent à terre. La campagne autour de Cherchell était anormalement déserte. L'amiral s'imagina naïvement que les paysans du coin s'étaient réfugiés comme des couards qu'ils étaient derrière les murs de la ville. Les soldats

1. Razzia : invasion d'un territoire ennemi pour voler les troupeaux et les grains, enlever les hommes et faire du butin.

espagnols, convaincus de leur supériorité, marchèrent en fanfaronnant sur Cherchell, la fleur à la bouche et l'épée au vent. Aussi furent-ils très désagréablement surpris quand les portes de la ville s'ouvrirent brutalement pour libérer une marée humaine hurlante et vociférante. Ils prirent leurs jambes à leur cou et fuirent dans une indescriptible pagaille. Mille cinq cents d'entre eux furent tués. Et la panique fut telle que les galères repartirent avant même que tous les rescapés ne fussent montés à bord.

Doria avait réussi à réembarquer sans problème et c'était bien l'essentiel pour lui ! Installé sur sa dunette avec vue privée sur la débâcle, le grand amiral de Charles Quint comptait les pertes en s'arrachant les cheveux.

Ses capitaines lui conseillèrent de faire demi-tour pour remettre la flotte en état avant de poursuivre sur Alger. Mais Doria, plus têtu qu'une mule, ne voulut rien entendre. Il se jura d'avoir la peau de Barberousse le jour même et, de rage, il fit redoubler les coups de fouet sur les rameurs !

Informé de son arrivée imminente par des cavaliers qui avaient galopé depuis Cherchell, Barberousse l'accueillit avec une volée de boulets de canon et lui fit immédiatement porter un message.

Chère tête de pois chiche,

Tu es plus insignifiant qu'un grain de semoule à couscous. N'approche surtout pas plus près d'Alger, ou bien les dents de tes hommes joueront des castagnettes sans tarder. J'ai eu vent de ta déroute à Cherchell : tes soldats sont de véritables poltrons et tes rameurs, de pauvres femmelettes. Je te conseille de retourner sagement en Espagne avant de refaire une bêtise. Laisse la guerre aux hommes valeureux et va plutôt élever des brebis ! Mais si toutefois tu pensais faire partie du club des Seigneurs-de-la-Mer, alors mes hommes et moi, nous nous ferions un honneur de t'affronter. Salam. Bien à toi.

Signé : Barberousse, un ennemi qui te veut du bien.

La réponse de Doria ne se fit pas attendre :

Chère tête de poivron,

Si tu crois m'intimider avec tes menaces, tu te mets le doigt dans l'œil. Je te conseille, quant à moi, de te rendre sans résistance – ou bien Alger ne sera plus qu'un citron confit – avant le coucher du soleil ! Si je lance mes hommes contre ton port de minables, tes restes de vantard seront juste bons à graisser mon plat à paella. Que les serpents du désert te mordent la couenne jusqu'au sang !

Je vais t'écraser comme un pou. Olé.

Signé : Le grand amiral Doria de Sa Majesté l'empereur Charles Quint, un ennemi qui veut ta peau !

Barberousse éclata de rire en lisant la missive de Doria.

« Ma foi, se dit-il, ce pourfendeur de pirates me plaît beaucoup. Il mérite que nous nous affrontions noblement. Je vais me contenter aujourd'hui de lui donner une petite leçon, juste de quoi lui faire plier bagages. Il n'en sera que plus hargneux lors de notre prochaine rencontre ! »

Et sur ces pensées réjouissantes, Barberousse fit bombarder la flotte espagnole avant même que Doria n'eût le temps de lever le petit doigt. Vaincu, l'amiral gagna le large en se jurant de prendre sa revanche ! Les Barbaresques voulurent poursuivre le fuyard mais Barberousse les retint et leur dit avec son flegme naturel :

– *Mektoub*[1], mes frères ! Le moment n'est pas venu !

---

1. *Mektoub* : vient du verbe arabe *kataba* qui signifie « écrire ». *Mektoub* désigne « ce qui est écrit », que ce soit sur une feuille de papier, dans les lignes de la main ou dans le destin d'un individu !

Les années passèrent sans que Doria et Barberousse se rencontrassent à nouveau. Doria sillonnait pourtant la mer sans relâche. Et Barberousse continuait à faire des siennes avec sa flotte qui s'était bien développée depuis. Non pas que les occasions de s'affronter ne se fussent jamais présentées ! Mais chaque fois, Barberousse le patient avait préféré s'éclipser discrètement. Ses raïs[1] commencèrent à l'accuser de lâcheté. Et quand l'un d'eux osait le questionner à ce sujet, Barberousse lui répondait calmement :

– *Mektoub*, mon frère ! Le moment n'est pas encore venu !

Un beau jour, un pigeon voyageur se posa à Alger. Il portait à Barberousse un message de première importance envoyé par un espion espagnol qui travaillait à sa solde :

« A. D. chargé / C. Q. – mission top secrète : convoyer dix galions bourrés de cacahouètes jaunes de Cadix à Gênes = repas du Saint-Père ! Mot d'ordre de C. Q. à A. D. : rester incognito. »

Barberousse convoqua immédiatement ses quatre

1. Raïs : capitaines corsaires qui étaient organisés en véritable corporation des gens de mer.

capitaines : Hassan, son fils adoptif et renégat[1] de Sardaigne, Dargouth l'Aigle-de-la-Mer, Sinan le sorcier juif de Smyrne, capable de lire la route des navires dans le ciel avec son arbalète, et Cacha-Diablo, le plus malin de tous ! Il leur dit :

– *Mektoub*, mes frères ! Le moment est enfin arrivé ! Je viens d'apprendre que Charles Quint a chargé l'amiral Doria d'une mission très secrète : il doit convoyer de Cadix à Gênes dix galions en provenance des Amériques. Les navires transportent l'or des conquêtes destiné au pape...

Et Dieu seul sait ce qu'il leur raconta ensuite mais les raïs en pleurèrent de rire jusqu'au soir.

Dès le lendemain matin, le chef des Barbaresques prit la mer avec cent vingt galères et douze mille pirates. Il fila droit sur l'île de Majorque car il se doutait que Doria passerait par là avec ses galions remplis d'or. Il cacha sa flotte dans une baie au nord-est de l'île mais posta sa propre galère deux cents mètres plus loin, bien en vue et encerclée par neuf de ses navires. Les pirates à bord se déguisèrent en soldats espagnols et, bientôt, le

1. Renégat : chrétien qui a abandonné sa religion pour passer dans le camp des Barbaresques.

simulacre de combat fut si réaliste que n'importe qui aurait cru que Barberousse venait de se faire capturer par les hommes de Charles Quint.

Cinq bonnes heures s'écoulèrent et enfin le convoi de galions apparut à l'horizon. Quand Doria aperçut la galère de Barberousse entre neuf navires espagnols, il crut à une hallucination. Voilà trente ans qu'il courait après le chef des Barbaresques et on lui faisait l'affront de le capturer sans le mettre dans le coup ! Une vague d'humiliation lui vida le cerveau et son sang ne fit qu'un tour. Il en oublia sa mission, les galions, l'or du pape et, sans réfléchir, il donna l'ordre à sa flotte de se diriger vers Majorque.

Barberousse riait de le voir rappliquer aussi vite. Lorsque les galions furent suffisamment proches, l'immense flotte de Barberousse jaillit de sa cachette. Et beaucoup plus rapides que les galions, les galères des pirates eurent vite fait de les capturer. Doria était fait comme un rat et Barberousse l'abandonna, ficelé comme un poulet, sur une barcasse au milieu des flots et emporta tout le reste à Alger : or, galions et bons-hommes ! Ce fut l'une des plus belles prises de l'histoire de la piraterie et les Barbaresques rirent encore de leur farce bien des années après.

L'amiral, quant à lui, ne s'en remit jamais. Et quand Barberousse prit sa retraite, il n'y crut pas et continua à sillonner la mer à sa recherche.

Pour couronner la grande carrière du chef des Barbaresques, Soliman le Magnifique – l'empereur de l'Empire ottoman – le nomma Kapudan Pacha[1]. Ce fut pour Barberousse la plus belle récompense de sa vie. Couvert d'or et de titres de gloire, il passa ses dernières années à Constantinople et quitta le monde des vivants à plus de quatre-vingt-dix ans.

On raconte à Alger que le fantôme de Doria le cherche encore !

---

1. Kapudan Pacha : titre du Grand Amiral de la Flotte ottomane. Barberousse occupa cette importante fonction pendant plusieurs années. Il donna à la flotte turque une importance et une puissance inégalées.

XII

UN BIJOU VENU PAR LA MER

DANS UN PETIT VILLAGE perché en haut du cap Corse, une vieille femme toute vêtue de noir raconte, aujourd'hui encore, l'histoire étonnante d'une petite paysanne corse qui devint sultane du Maroc au XVIIIe siècle. *Una volta, c'era una...*

Vraiment, rien ne prédestinait cette fillette sans le sou à mener une vie aussi extraordinaire ! La petite Martha Franceschini, issue d'une famille pauvre de Capicursini[1],

1. Capicursini : habitants du cap Corse.

était l'aînée de quatre enfants. Son père, un simple pêcheur, gagnait tout juste de quoi acheter un sac de farine par mois. Et sa mère, la pauvresse, mourut avant que son dernier garçon ne fût sevré. C'était la misère !

À peine plus haute que trois pommes, la petite Martha dut se débrouiller seule et savoir tout faire : cuisiner, laver, blanchir, nettoyer et, en plus, s'occuper de ses trois petits frères.

Le dernier n'avait pas trois mois !

Le père Franceschini tenait à sa fille comme à la prunelle de ses yeux. Et dès qu'il en avait l'occasion, il vantait ses mérites en battant des paupières. On eût dit qu'il papillonnait d'amour :

– Martha est un vrai petit bout de femme ! disait-il avec tendresse. Et en plus, elle est jolie comme un cœur !

En réalité, Martha était plus que jolie, elle était séduisante et même très belle ! Mais parce qu'elle avait un cochon rouge pour meilleur ami, les gens du cap faisaient fi de sa gentillesse et de sa beauté : ils lui reprochaient de communiquer avec les esprits du vent et du brouillard. En fait, ils la soupçonnaient d'être un peu sorcière !

À cette époque, les Capicursini croyaient que les

mauvais esprits se métamorphosaient en horde de cochons sauvages pour venir semer la mort et la terreur dans leurs villages. Ils redoutaient les pouvoirs maléfiques de ces vilains porcs et racontaient à leur propos des histoires horribles qui épouvantaient les enfants. Ils finirent par les accuser de tous les maux de la terre et, s'ils avaient des ennuis, ils ne disaient pas :

– J'ai des problèmes ou j'ai des soucis !

Mais tout simplement :

– *Entrimu in porci rossi*[1] – Maintenant nous entrons dans la peau des cochons rouges !

Aussi, lorsqu'ils voyaient poindre le museau de la petite et la truffe de son cochon domestique, ces montagnards superstitieux tournaient leur langue sept fois dans leur bouche avant de parler, de peur de dire des bêtises. Un mot de trop suffit parfois pour s'attirer des ennuis ! Et s'ils discutaient avec Martha, ils conjuraient le mauvais sort en répétant par trois fois à la fin de la conversation :

– *Rispettu parlendu*[2] – Avec le respect qui est dû!

Certains prétendaient même que l'ami de Martha

1. Expression corse encore utilisée aujourd'hui.

2. Expression corse elle aussi encore utilisée.

était un cochon parlant et qu'il s'entretenait longuement la nuit avec l'enfant pour mettre au point ses mauvais coups. La petite sorcière et son cher Cochon-Rouge étaient donc suffisamment craints pour être respectés.

Une nuit, au beau milieu de l'hiver, un grand trois-mâts se fracassa sur les rochers du cap, tout près de la maison des Franceschini. L'occasion était trop belle pour les villageois qui ne purent s'empêcher de médire :

– C'est sûrement à cause de la petite et de son maudit cochon !

– Des naufrageurs, voilà ce qu'ils sont ! Honte à eux !

– Ils ont dû pactiser avec le diable !

– La malédiction est sur le cap !

Alertée par Cochon-Rouge, Martha, qui bien sûr n'y était pour rien, s'était ruée sur les lieux du naufrage dans le seul espoir de sauver quelqu'un, un marin, un mousse, ou peut-être le capitaine. Elle avait couru le plus vite possible au bord de la falaise mais c'était trop tard. Le voilier avait sombré corps et âmes ! Il ne restait plus à la surface que quelques morceaux de planches, seuls témoins de la catastrophe.

Martha ne resta pas pour autant les bras ballants. Têtue et courageuse comme pas une, elle ôta sa chemise de nuit trop étroite et se laissa glisser le long de la falaise abrupte. Elle voulait en avoir le cœur net ! De violentes rafales de vent malmenèrent son corps léger durant la descente infernale. Dix fois de suite, elle faillit tomber dans le vide et, après un périlleux numéro d'équilibre, elle atteignit enfin les roches plates au niveau de la mer.

Là, au milieu des débris de mâts et de voiles, un corps meurtri gisait sans connaissance : point de mousse ni de marin mais une très vieille femme, à demi morte ! Son cœur battait faiblement. Martha essuya le visage de la naufragée avec une extrême douceur. Elle était encore belle pour son âge et portait une magnifique tunique de soie orange, entièrement brodée de ramages bleus et de fleurs dorées ; sa longue chevelure blanche, défaite, volait doucement au-dessus de sa tête endormie. L'enfant la transporta et la déposa dans une grotte. Puis sans perdre de temps, elle escalada la falaise et envoya Cochon-Rouge chercher son père qui l'aida à remonter le corps inanimé.

La pauvre femme était en piteux état. Il n'y avait guère d'espoir de la sauver à moins d'un miracle. La petite Martha tenta coûte que coûte de la ramener à la vie grâce à sa connaissance des plantes. Pendant plusieurs semaines, elle veilla sans relâche la mourante.

Bientôt ses plaies cicatrisèrent, ses os se ressoudèrent, cependant le mouvement de ses jambes ne revint pas et le son de sa voix, non plus ! Le choc de la catastrophe lui avait définitivement fait perdre la parole.

Jamais Martha ne sut qui était cette belle inconnue, étrange naufragée d'une nuit d'hiver. Pour Martha, c'était sans importance. Elle apprit à l'aimer et à communiquer avec elle en silence. Toutes deux s'entendaient à merveille et, souvent, l'espiègle Cochon-Rouge se mêlait à leurs conversations muettes en poussant des grognements de plaisir !

La joie semblait être de retour dans la maison des Franceschini. La présence de la vieille femme y était sans doute pour beaucoup. Martha s'épanouissait, son corps fin gagnait en grâce et en beauté de jour en jour. Elle était rayonnante et faisait toute la fierté de son père !

Les années passèrent ainsi, entre bonheur et délice, jusqu'au jour où la vieille femme mourut. La petite Martha eut le sentiment de perdre sa mère pour la seconde fois. L'épreuve fut terrible !

Avant de s'étendre, la vieille femme lui avait délicatement passé autour du cou un magnifique collier dont elle ne s'était jamais séparée. Depuis, le bijou se balançait doucement sur la poitrine de Martha. Il était orné de quatre motifs étranges : un croissant de lune en or, un disque en argent qui ressemblait à la terre, une petite tour en ivoire et une minuscule clé taillée dans un saphir bleu clair. Les quatre ornements de ce grand pendentif, reliés les uns aux autres, évoquaient la forme d'un triangle. Suspendu à une chaînette finement travaillée, le bijou était incrusté de pierres précieuses : l'ouvrage était somptueux !

Sa forme intriguait Martha. Elle était même pour elle une véritable énigme ! Elle se demandait ce que représentait la petite tour d'ivoire. En existait-il une semblable dans le monde ?

Depuis qu'elle portait le collier, la jeune fille était devenue rêveuse. Elle imaginait des aventures fantastiques dont elle était l'héroïne. Et chaque histoire se terminait bien grâce aux pouvoirs magiques de la petite clé bleue ! Ses trois petits frères buvaient ses flots de paroles enchantées comme du lait sucré. Les contes de Martha les faisaient saliver. Quand le père Franceschini avait l'occasion d'entendre les belles histoires de sa fille, il l'encourageait dans ses voyages imaginaires :

– Rêve, mon cœur, rêve, lui disait-il tendrement en lui caressant les cheveux.

Quelque temps après la disparition de la vieille femme, le père de Martha pêcha un très beau serpent de mer. Espérant tirer un bon prix de cet animal extraordinaire, il décida d'aller le vendre à Marseille, sur le continent. Il proposa à Martha de l'accompagner afin qu'elle se changeât un peu les idées.

C'était un événement à l'époque, de se rendre à Marseille, et Martha se réjouissait à l'idée d'une telle traversée. Lorsque le bateau de son père fut prêt, Martha embarqua avec lui et ses trois petits frères. Cochon-Rouge était aussi du voyage, Martha ne s'en séparait jamais.

Malheureusement, à peine une heure après le départ, ils se firent attaquer par des pirates marocains qui maraudaient dans les parages. Les sales bandits les capturèrent tous les six, prirent leur bateau en remorque et mirent le cap sur Tanger.

Ils espéraient vendre le père au marché aux esclaves ; garder les trois garçonnets pour en faire de futurs pirates ; et offrir la belle Martha à leur chef qui était resté à terre. Quant à Cochon-Rouge, ils voulurent s'en débarrasser immédiatement en le passant par-dessus bord. Comme tout bon musulman, ils ne mangeaient pas de porc !

L'animal ne se laissa pas attraper pour autant. Il se cacha dans la cale et chaque fois que les pirates essayaient de l'en déloger en le tirant par la queue, Cochon-Rouge grognait avec férocité.

Il se défendait depuis un bon quart d'heure quand, soudain, un brouillard tout à fait inattendu envahit l'atmosphère. Et plus les pirates menaçaient Cochon-Rouge, plus l'animal grognait de colère et plus le brouillard épaississait ! L'air devint blanc et opaque. Les pirates juraient à qui mieux mieux en se cognant partout. On eût vraiment dit que le diable était de la partie car un vent sinistre se mit à souffler.

La preuve en était maintenant faite : Cochon-Rouge savait bel et bien appeler les *lagramanti* et les *fulletti*, ces terribles esprits du brouillard et du vent, annonciateurs de désastre et de mort !

Les esprits que Cochon-Rouge venait d'invoquer étaient particulièrement cruels. C'étaient des foschi lagramanti, de l'espèce la plus mauvaise qui fût. Tous les *foschi lagramanti* sont invisibles pour l'œil humain et heureusement car ils sont répugnants à voir. Entièrement recouverts d'horribles poils noirs, ils n'ont ni jambes ni bras. Ils bavent et ricanent méchamment tout en épiant les hommes avec leurs petits yeux fluorescents.

Quant aux *fulletti*, ils excellent à rendre fous les enfants en leur sifflant dans les oreilles. Ce sont des esprits à trois bras, l'un en or, l'autre en argent, le troisième en bronze. Ils courent sans jamais s'arrêter et font tourner leurs trois membres aussi vite qu'une hélice à moteur.

Les pirates marocains savaient se défendre des *fulletti* : ils rougirent au feu la longue lame d'un sabre tranchant avant de s'en servir pour fendre l'air de part en part. La lame siffla et découpa les esprits en mille morceaux. Ils agonisèrent et le vent s'évanouit !

En revanche, les pirates essayèrent sans succès de se débarrasser de la purée de pois. Ils commencèrent bientôt à paniquer car le brouillard est le pire ennemi du navigateur.

Martha leur proposa alors un marché qu'ils acceptèrent à contrecœur : s'ils laissaient la vie sauve à Cochon-Rouge, elle ferait fuir les *lagramanti*. Aussitôt dit, aussitôt fait ! Et elle se mit à frapper dans ses mains en psalmodiant :

Sator, Arepo, Tenet, Opera, Rotas
Site voi, i mio cumpagni
Je vous reconnais, vous êtes mes camarades

I fulletti e i lagramanti
Esprits follets et esprits du brouillard !
Cavatevi se visere
Enlevez vos masques
Vi cunnoscu tutti quanti
Je vous connais tous tant que vous êtes[1] !

Les lagramanti reconnurent la petite Corse et partirent en rigolant. Le soleil put à nouveau briller et Cochon-Rouge fut épargné. Très impressionnés, les pirates marocains décidèrent d'offrir la jeune fille au sultan du Maroc plutôt qu'à leur chef de bande. Les misérables canailles s'imaginèrent que ce cadeau flatteur leur attirerait la protection du souverain et quelques bonnes pièces en plus !

Une fois débarqués à Tanger, ils ficelèrent Martha et son cochon sur un âne pour les conduire à Fès, la grande ville royale. La grâce de Martha charma la gardienne du harem qui accepta de la présenter au sultan, mais elle exigea auparavant que la captive fût soigneusement lavée et maquillée. Pas très rassurée, Martha refusa de se déshabiller et découvrit uniquement sa gorge en

1. Cette formule magique se retrouve dans une chanson de Simon-Jean Vinciguerra, un fabuleux poète corse, mort en 1971.

enlevant son châle de laine noire. La gardienne ne put retenir un cri de surprise ; complètement affolée, elle présenta immédiatement la jeune fille au sultan sans même avoir pris le temps de la parfumer.

Le sultan ne put contenir son émotion :

– Où as-tu pris ce collier ? demanda-t-il, interloqué.

La jeune fille protesta et lui raconta son histoire. Elle parla un peu de son île natale et de son enfance, puis elle évoqua la nuit du terrible naufrage et la belle amitié qui s'était ensuivie avec la vieille femme à la tunique orange. Elle n'omit aucun détail et son récit fut terriblement émouvant. Le sultan l'écouta avec passion et, quand elle eut terminé, il lui dit sur un ton radouci :

– Sache que cette vieille femme que tu as tant aimée était ma mère, la sultane du Maroc. Il y a dix ans, alors que son bateau naviguait vers les îles Canaries, elle disparut mystérieusement et ne revint jamais au pays. Le collier qu'elle t'a offert est un bijou magique : celle qui le porte peut accéder aux trésors de la tour blanche car la petite clé en saphir bleu clair permet d'y pénétrer ; cette tour secrète est construite dans un souterrain du palais. Ma mère t'a désignée pour lui succéder et donc, dès aujourd'hui si tu le veux bien, je vais t'épouser. Parole de sultan !

Bien sûr, Martha accepta mais elle demanda d'abord qu'on libérât son père et ses trois frères.

Très amoureux l'un de l'autre, la jeune fille et son riche prétendant ne se quittèrent plus jamais.

Voilà quelle fut l'incroyable histoire de cette petite Corse qui devint grande sultane du Maroc !

Postface

Il y a autant de contes et de légendes en Méditerranée que de poissons dans ses eaux bleues ! Ce recueil contient douze aventures maritimes, de l'Antiquité jusqu'au XVIIIe siècle. Qu'elles soient purement imaginaires ou tirées de faits historiques, toutes font de la mer une matière vivante, un personnage fantastique, une éternelle source de rencontres, d'échanges et d'émerveillement pour les habitants de ses rives et de ses îles.

« Simple histoire pour commencer » est tirée d'une croyance maltaise sur la genèse des bateaux.

J'ai inventé « Le peuple de la mer » à partir d'un proverbe. Nourrie d'éléments historiques, cette histoire raconte l'extraordinaire aventure crétoise de la première thalassocratie[1] méditerranéenne,

1. Thalassocratie : État dont le territoire est maritime.

mystérieusement disparue vers 1500 avant Jésus-Christ.

« Le grain, le noyau et le pépin magiques » s'inspire de l'histoire des Phéniciens. Je souhaitais souligner le rôle joué par ce peuple dans le développement du commerce antique et la naissance des premières routes maritimes.

« La mer tu sauras, mais jamais tienne elle ne sera ! » est une adaptation d'un conte égyptien du Moyen Empire (vers 2000 av. J.-C.) intitulé *Le Conte du naufragé*. Je l'ai intégré dans un autre récit pour insister sur la portée de sa leçon philosophique.

« Pas plus humain qu'un dauphin ! » reprend une fable de la mythologie grecque. Les brillantes civilisations romaine et carthaginoise mériteraient aussi de faire partie de ce premier volet consacré à l'Antiquité méditerranéenne. Peut-être feront-elles l'objet d'un recueil de contes à part entière ?

« Poisson luisant », « Amar le pêcheur désobéissant » et « Les sorcières de la mer » reprennent des thèmes méditerranéens classiques : le thème du diamant étincelant caché dans le ventre d'un poisson ; celui du pêcheur marié à une sirène sans qu'il le sache ; et enfin celui de barques capables de voyager à une vitesse fulgurante grâce aux pouvoirs magiques d'êtres fantastiques.

« Abd al-Rahman, le gardien de Gibraltar » est une histoire que j'ai composée à partir d'éléments historiques et légendaires rapportés par des historiens arabes des XIe et XIIe siècles. Le calife, le gouverneur de Lisbonne, la sultane Tarub et Zyriab le musicien sont des personnages réels. Et les Vikings ont bel et bien attaqué l'Espagne musulmane le 20 août 844.

« Barberousse le Barbaresque » relate une aventure du plus grand pirate méditerranéen. Quant à l'amiral Doria, il a réellement passé sa vie à le poursuivre.

« Le secret du fabuleux royaume des Indes » est une légende tirée de la véritable histoire de Vasco de Gama. Les historiens arabes et occidentaux ne sont pas d'accord sur le rôle tenu par le pilote arabe Ibn Majid dans la découverte des Indes. Le duc de La Fouine, lui, est un personnage imaginaire.

J'ai écrit « Un bijou venu par la mer » à partir d'un simple bout de légende raconté par un ami marocain sur la vie d'une petite Corse devenue sultane du Maroc. Cette femme a effectivement vécu au XVIIIe siècle, elle s'appelait Martha Franceschini.

BASSIN MÉDITERRANÉEN

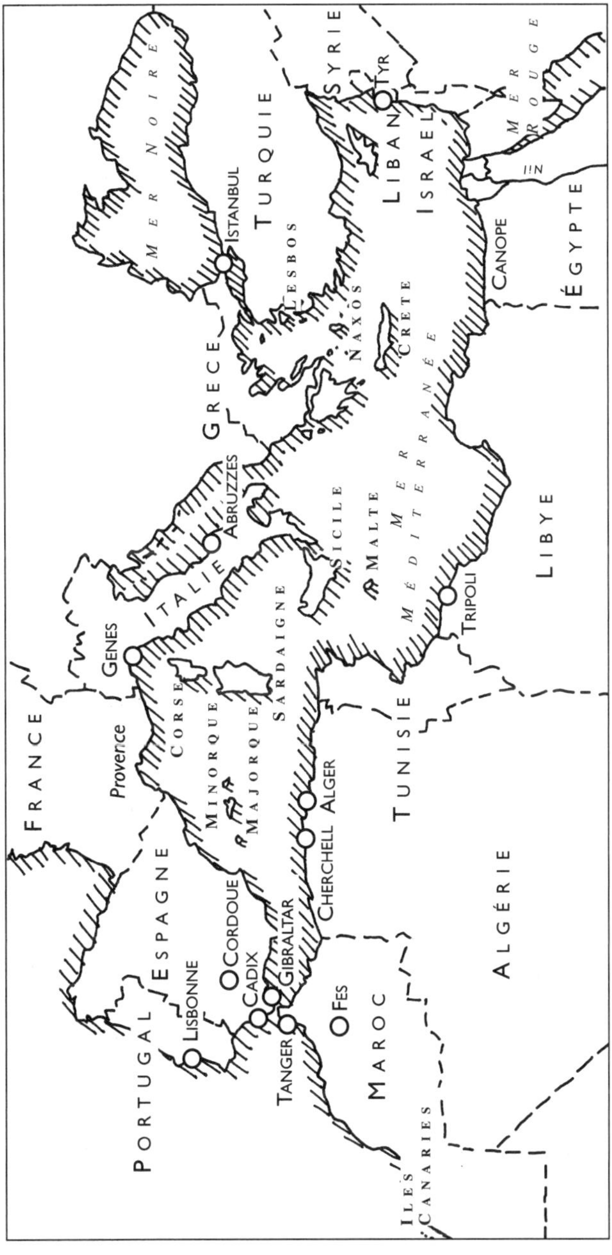

Bibliographie

Ouvrages généraux sur la Méditerranée

L'homme méditerranéen et la mer : Actes du troisième congrès international d'études des cultures de la Méditerranée occidentale, Djerba, avril 1981, publiés par Micheline Galley et Leïla Ladjini Sebai, Tunis, Éditions Salammbô, 1985.

La Méditerranée, sous la direction de Jürg Huber, Éditions de la Bibliothèque des Arts, 1981.

La Méditerranée – Les Hommes et l'Héritage, Fernand Braudel et Georges Duby, Flammarion, 1985.

La Méditerranée – L'Espace et le Temps, sous la direction de Fernand Braudel, Flammarion, 1985.

Ouvrages spécialisés

L'Art de la Crète et de Mycènes, Reynold Higgins, Éditions Thames & Hudson, 1995.

Barberousse, José Lenzini, Actes Sud/Terres d'aventure, 1995.

Contes populaires italiens, recueillis et présentés par Italo Calvino, Denoël, 1984.

Une Corse sultane du Maroc – Davia Franceschini et sa famille, Jacques Caillé, Éditions A. Pedone, 1968.

La Crète : un peuple résistant, un univers mythique, dirigé par Ismini Vlavianou et Christian Cogné, Éditions Autrement, série « Monde », 1993.

Le Folklore magique de la Corse, Roccu Multedo, Éditions Belisane, Nice, 1982.

Guide de la mer mystérieuse, Serge Bertino, Tchou/Éditions Maritimes et d'Outre-Mer, 1970.

Histoires et légendes de la Provence mystérieuse, textes recueillis et présentés par Jean-Claude Clébert, Éditions Sand, 1986.

Hymnes (Hymne à Dionysos), Homère, texte établi et traduit par Jean Humbert, Les Belles Lettres, 1976.

Les Métamorphoses (livre III : *Les Matelots tyrrhéniens*), Ovide, édition présentée et annotée par Jean-Pierre Nérandau, traduit du latin par Georges Lafaye, Gallimard, 1992.

Les Normands en Méditerranée, Jean Béraud Villars, Albin Michel, 1951.

Les Phéniciens, marins des trois continents, Claude Baurain et Corinne Bonnet, Armand Colin, 1992.

Pirates et Barbaresques en Méditerranée, Loup Durand, Éditions Aubanel, 1975.

Recherches sur l'histoire et la littérature de l'Espagne pendant le Moyen Âge, tome II : *Les Normands en Espagne,* Anne Pieter Reinhart Dozy, troisième édition, Paris/Leyde, 1881.

Romans et contes égyptiens à l'époque pharaonique, Éditions Maisonneuve, 1982.

Voyages de Vasco de Gama, relations des expéditions de 1497-1499 & 1502-1503, traduites et annotées par Paul Teyssier et Paul Valentin, Éditions Chandeigne, 1995.

Table des matières

Claire Derouin

Parfois, j'imagine être née des amours printanières entre une sirène grecque et un dauphin rieur à l'habit luisant ! Seuls mes longs cheveux pourraient témoigner d'une telle parenté car, hélas, je n'ai hérité ni de la peau bleue de mon père ni des écailles dorées de ma mère. Comme je ne désespère de rien, j'ai décidé de me couper la tignasse. J'ai ouvert ma fenêtre et j'ai offert mes cheveux au vent. Je les ai regardés s'envoler et je ne sais pas ce qui m'a pris, je les ai suivis. Devinez où je me suis retrouvée ? Je vous le donne en mille… En Méditerranée ! Quel hasard, je l'avoue.

À peine arrivée, je me suis mis en tête de récupérer les fils écervelés de ma chevelure essaimée. J'ai filé partout. De poches en sacs, de têtes en cœurs, de ruelles en bazars, d'histoires en histoires. Tant et si bien que je me suis retrouvée ficelée.

Depuis, tout s'emmêle. Par exemple, maintenant, j'adore la Suède. Allez comprendre ! Moi-même, je m'y perds. Mais avec délectation. J'adore les pistes qui se brouillent et j'adore aussi les jeux. Deux de mes faiblesses que j'essaye de maintenir en état de fragilité permanente en suivant un régime quotidien et déséquilibré à base de mots, d'images et d'idées saugrenues. De toute cette énergie dépensée, il résulte quelques scories à géométrie variables : livres, objets, jeux, interviews, événements culturels… Rien que des indices dans mon jeu de piste personnel.

PARMI LES OUVRAGES DU MÊME AUTEUR

Où est parti Baltus ?, éditions Brepols, collection « Explique-moi », 1997.

Aux éditions Nathan Jeunesse :
Leslie Craspouette, collection « Demi-lune »,1998.
L'étrange rêve du pharaon, collection « Mégascope »
(Fascinants pharaons d'Égypte), 1997.
Un divin concours, collection « Mégascope »
(Héros et dieux grecs), 1998.
Les yeux de la nuit, collection « Crocoscope »
(Drôles d'animaux), 2000.
La promesse, collection « Mégascope »
(La mer), 2001.
Les îles flottantes, collection « Crocoscope »
(Le rêve de voler), 2002.
Mister Choc, collection « Crocoscope »
(Petite histoire des aliments), 2003.

Natali Fortier

DANS LA MÊME COLLECTION

Contes et Légendes d'Alsace, Jacques Lindecker.
Contes et Légendes d'Auvergne, Jean-Pierre Siméon.
Contes et Légendes du Berry, Danielle Bassez.
Contes et Légendes de Bretagne, Yves Pinguilly.
Contes et Légendes de Normandie, Yoland Simon.
Contes et Légendes du Périgord, Michel et Dany Jeury.
Contes et Légendes du Poitou et des Charentes, Denis Montebello.
Contes et Légendes de Provence, Jean-Marie Barnaud.

Contes et Légendes d'Afrique d'ouest en est, Yves Pinguilly.
Contes et Légendes - La Corne de l'Afrique, Yves Pinguilly.
Contes et Légendes du temps des Pyramides, Christian Jacq.
Contes et Légendes du Québec, Charles Le Blanc.
Contes et Légendes de Suisse, Christophe Gallaz.

Contes et Légendes de l'An Mil, Claude Cénac.
Contes et Légendes de l'An 2000, Collectif.
Contes et Légendes des Chevaliers de la Table Ronde, Jacqueline Mirande.
Contes et Légendes - Les douze travaux d'Hercule, Christian Grenier.
Contes et Légendes de l'Égypte ancienne, Brigitte Évano.
Contes et Légendes de l'Europe médiévale, Gilles Massardier.
Contes et Récits des Héros de la Grèce antique, Christian Grenier.
Contes et Récits des Héros du Moyen Âge, Gilles Massardier.
Contes et Légendes des Héros de la Mythologie, Christian Grenier.
Contes et Récits des Héros de la Rome antique, Jean-Pierre Andrevon.

Contes et Légendes - L'Iliade, Jean Martin.
Contes et Légendes des Jeux d'Olympie, Brigitte Évano.
Contes et Récits des Jeux olympiques, Gilles Massardier.
Contes et Légendes - Les Métamorphoses d'Ovide, Laurence Gillot.
Contes et Légendes du Moyen Âge, Jacqueline Mirande.
Contes et Légendes de la Mythologie celtique, Christian Léourier.
Contes et Légendes de la Mythologie grecque, Claude Pouzadoux.
Contes et Légendes de la Naissance de Rome, François Sautereau.
Contes et Légendes - L'Odyssée, Jean Martin.
Contes et Légendes des Vikings, Lars Haraldson.
Contes et Récits - Les Grandes Énigmes de l'Histoire, Gilles Massardier.

Contes et Récits - Les Pionniers de l'Automobile, Serge Bellu.
Contes et Récits de la conquête du Ciel et de l'Espace, Christian Grenier.
Contes et Récits de la conquête de l'Ouest, Christophe Lambert.
Contes et Récits de Paris, Stéphane Descornes.
Contes et Récits des Chevaux illustres, Pierre Davy.
Contes et Récits des Héros de la Montagne, Christian Léourier.

Contes et Légendes de la Peur, Gudule.
Contes et Légendes des Fées et des Princesses, Gudule.
Contes et Légendes des Lieux mystérieux, Christophe Lambert.

Réalisation de la maquette :
ÉQUILIBRE Multimédia - Fabienne Vérin - Entraigues sur la Sorgue (84)
Correction : Sidonie Van den Dries
Cartographie : Atelier Pangaud, Paris.

N° d'éditeur : 10097353
Dépôt légal : février 2003
Impression : Rodesa, Espagne